ちいさいなかま
保育を広げるシリーズ

ごっこあそび ゼロ歳児のあそび Q&A

『ちいさいなかま』編集部 編
近藤理恵 絵

ちいさいなかま社

もくじ

あそびの悩みQ&A

ゼロ歳児のあそび

ごっこあそび

子どもも
保育者も

み〜んなで思いっきり楽しいあそび

あそびの悩みQ&A

A 青山
青山均
愛知・社会福祉法人新瑞福祉会職員・元こすもす保育園保育士

A 吉住
吉住とし子
大阪・社会福祉法人あおば福祉会みつばち保育園園長

ゼロ歳児のあそび

Q 高月齢の子にはあそびがもの足りない？

ゼロ歳児クラスの担任です。朝や夕方の少人数のときに保育者が用意するおもちゃや、おもちゃ棚のおもちゃであそんでいるのですが、月齢が高く二歳目前の子どもには、退屈になってしまっているように思います。どんなあそび、おもちゃを用意したらいいのでしょうか？（保育歴二年）

体を動かして思いっきりあそんでみよう

A 青山

ゼロ歳児クラスだから赤ちゃんだと思ってしまいますが、クラスによっては産休明けから二歳近くまでの子がいます。二歳に近くなると、一歳児の保育を意識して取りいれていかないといけません。

また、きょうだいの下の子などは、月齢以上の発達をしている子も多いというのが私の実感です。ときどきあそびにもの足りなくなるのは、あたりまえのことだと思います。

ですからゼロ歳児クラスの保育を考えるときにはゼロ歳から二歳、できれば三歳までの保育をイメージして取りくむことが求められます。

ここでは、ふだんからしているようなリズム、体操や踊り、描画、クッキング、うたなどではなく、体を使ったあそびを中心に紹介してみます。

●体を動かす喜び

ハイハイや伝い歩きを通して自分で移動する喜びを知った子どもたちは、一歳になると、それを駆使して世界を広げていきます。二歳近くになると、今度は体を動かすことそのものに、強い喜びを感じるようになります。

もう一つ、このころから湧きあがる自分の要求が出てきます。「こうしたい」という形になるものも形にならないものも、ごちゃまぜに湧きあがってくる、もやもやする時期でもあります。こんなときは、体を思いっきり使い、動くあそびが楽しくなってきます。

●いないいないばあ

「いないいないばあ」で偶発的にあそんでいた子どもは、歩行が確立するなかであちこちに移動して、かくれて「ば〜」と出てくることを楽しむようになってきます。そこから発展し、自分でわざわざかくれに行き、おとなに探してもらうことを楽しむような、ちょっとしたかくれんぼになってきます。

●かくれあそび

つい立てやちょっとした物かげにかくれる、どこかへ移動してかくれる、大布でかくすなど、かくれ方は無数にあります。こんなあそびを繰り返していると、子どもは自分でかくれるだけでなく、友だちといっしょにかくれることも楽しくなっていきます。友だちのあそびを見ている子がいたら、「あれ〜〇〇ちゃんがいないよ〜」と言うと、あわててあそびに入っていくこともあります。おとながかくれると、いそいで探しに来るあそびも楽しくなっていきます。

ポイントは本気でかくれないこと。すぐにわかるように、少しだけ見えるようにかくれるのです。かくれるのが上手になるのが大事なことではなく、かくれた気持ちになったことを認めつつ、見つかる楽しさや探して見つける楽しさを味わいながら、かくれあそびでやりとりや役割分担ができるようになることが、実は幼児期のかくれんぼや体育あそびにつながっていきます。つまり、ごっこあそびやルールのあるゲームなどのあそびを豊かにはぐくんでいく、土台になっていくのです。

はじめはおとなとあそぶことが基本ですが、楽しさがわかり始めると、子どもだけでもほんの少しずつやり始めます。保育者の得意不得意や子どもの中での流行もあるので、どのあそびが今の子どもたちに合うのか、やりながら確かめていくといいと思います。

かくれあそびは
あそびをはぐくむ
土台になる

●追いかけあそび

ハイハイのまてまてあそびから進み、歩行ができるようになると、おとなに追いかけられることもうれしくなり、あそびが盛りあがり始めるときでもあります。

はじめはおとなに追いかけられることが楽しいのですが、だんだんと子どもがおとなを追いかけるあそびにしていくと、子どもが主体になったあそびに切り替わり、二歳へ向かう子どもたちの気持ちを刺激するあそびになっていきます。また、追いかけたり追いかけられたりを交互に繰り返すと、より子どもたちが楽しめるようになります。

すると、短い時間ですが友だちといっしょに走ってあそぶのが楽しくなっていき、動物になって移動したりするのも大好きになります。

ただしポイントは、あまり本気にならないことです。真剣に追いかけたりつかまえたりすると、こわくなったりしてあそびがおもしろくなくなるので、ほどほどで、繰り返しあそぶことが大事です。

追いかけあそびは
ほどほどで
繰り返し楽しんで

●的あてあそび

ボールあそびも好きなあそびの一つです。はじめは持っているだけだったり、かごなどに集めたり、単純に投げるだけだと思いますが、それだけではすぐにあきてしまいます。

　そこで、子どもたちが知っているキャラクターや動物などを紙に書いて壁などに貼り、的《まと》あてのように投げるあそびにすると、いっそう盛りあがります。節分のとき、子どもの目の前で鬼をはさみで切り、窓に貼って豆まきのようにボールをぶつけてあそんだら、その後も毎日真剣にボールを投げあてて楽しんでいました。

●玉入れあそび

　ホールのような広い場所では、こんなあそびがあります。たくさんのボールを部屋いっぱいに広げると子どもたちが取りに行きます。保育者が大きな入れ物を持って「ここに入れてね」と玉入れのように少し高くして（子どもの手でぎりぎり入れられるくらい）持っていると、大喜びで拾ってきて入れてくれます。

　たくさん集まったところで、今度は入れ物のボールを「5・4・3・2・1・発射！」と言ってザーッとひっくり返すと、それは盛りあがります。軽いボールなので、大きなバケツから水が一気に落ちてくるイメージで、頭の上からシャワーのようにかけていました。

　また、夏、ビニールプールに子どもが入ったときに、おとながボールをせっせと中に投げ入れると、子どもたちが喜んで、ボールを自分で外に出してあそぶのも楽しいです。

**ボールだけでなく
的やかごを利用して
楽しく**

●ぶつかりあいをあそびに

以前、クラスで流行ったあそびがあります。一歳半を過ぎた子どもたちは、自分の要求もはっきりしてきて、ちょっとしたことで他の子どもとぶつかることも多くなってきました。

ある日のおやつの後。おなかが大きくなった子どもがたまたま友だちとおなかでぶつかったら、はじけるように跳ね返りました。いつもならけんかになるところなのに、「キャッキャ」と大笑いです。

「これはおもしろい」と思い、少し大きめのボールを子どものおなかに入れ、おなかとおなかをぶつける「ぼよんぼよんごっこ」にしたら、次々に子どもたちに広がり、しばらくブームになりました。

トラブルも楽しいあそびにできる

●ジャンプあそび

ちょっとした段差を登ったり、ぴょんと跳び降りてみたり、幼児のあそびの原型になるようなジャンプあそびも楽しくなります。

意外にあそべるのがザラ板（すのこ）です。ゼロ歳児では、五センチでも一〇センチでも段差があるところがあそび場になります。登るにしても降りるにしても、ほんのちょっとしたことができるようになることは、子どもの気持ちをくすぐります。なにしろ、今までできなかったことに挑戦するのですから、実際にできなくても、やってみようとすることが大きな喜びなのです。

一〇センチくらいの段差を「いちにのさん！」で跳んでも、実際にはジャンプではなく降りるという動作です。それでも、子どもたちにとっては跳んでいる気持ちなんだと思います。だから何回でもやってみるんですね。

保育室は安全のためにほとんどが平面ですから、歩けるようになり、ちょっとむずかしいことに挑戦したい子どもたちにはもの足りなくなってきます。そんなときに、何かで斜面や段差を作ると、喜んでやり始めます。ちょっとした変化をすごく楽しむ年齢でもあると思います。

「挑戦したい！」
気持ちに
応えるあそびを

ごみ袋で風船あそび

以前担当していたゼロ歳児クラスに、繊細でまわりの刺激を受けいれすぎてしまい、疲れやすい子がいました。そこで、スカッとするあそびをしようと、ガシャガシャと音がする材質の大きなごみ袋に空気をいっぱい詰めて、大きなクッションのような風船を作ると、目がキラキラと輝き、今まで見たこともないくらい大声を出し、その袋をとにかくひたすら投げてあそび始めました。次はサッカーのようにけっとばしてあそびます。

さんざんあそぶと少ししぼんできたので、最後は上に乗って、ふわふわと気持ちよさそう。結局、大笑いしながら三〇分ぐらい夢中であそんでとても満足したようで、その後は落ち着いて、友だちと楽しそうに過ごしていました。

子どもたちはあそびながら、ものごとを理解する力だけでなく、自分の体を成長させているのです。じっとしてあそぶのも楽しいけれど、それだけでは満たされないのは当然のこと。ですから、ちょっともの足りないと思っているときには、少し体を動かすあそびをすると、気分が変わり、また落ち着いてあそべるようになっていきます。

もの足りない…ときは
体を動かすあそびを

日課の見直し

一日を見渡してみると、朝より午後のほうがもの足りない気分になりやすい気がします。おやつの後などは一度体をうんと動かして気分転換ができると、子どもたちもぐっと落ち着くと思います。

ブロックや、型はめパズル、クッキング、絵本、描画、うた、手あそびなども楽しいのですが、それをやってもなおもの足りなさを感じているようなら、もやもやする気持ちや体を思いっきり使ってみたい気持ちになっているのかなと考え、取りくんでみると解決の糸口が見えることがあります。これはゼロ歳児に限らず、幼児でも同じ姿があります。最近の子どもたちには、特にこの傾向があるように思います。

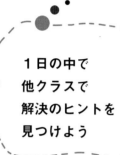

クラスで糸口が見つからないときは、他のクラスにあそびに行って、子どもがどんなおもちゃでどんなあそびをするのか見ると、参考になると思います。

1日の中で
他クラスで
解決のヒントを
見つけよう

砂あそびがワンパターンに…

園庭の砂場でのあそびで悩んでいます。いつも山を作ったり、おままごとをしたりで、同じあそびになります。ゼロ歳児クラスでも楽しめる砂場でのあそびを教えてください。(保育歴一年)

乳児の砂あそびは「何かを作る」あそびではないのです

A 吉住

私も同じような悩みをもったことがあります。乳児クラスの場合、生活に費やす時間が長いので、あそびの時間というのは短いのですが、子どもがみずから何かをしてあそんでいるというようすがあまり見えません。経験の少ない保育者にとっては、手持ち無沙汰でどうしてよいかわからないということもありますね。

けれど、乳児にとってはこの一見「何をするでもない」と思われるようなゆったりとした時間が、とても大切なのです。

●乳児にとっての砂場あそび

おとなは砂場に行くと、何かを作るということがあそびだと考えてしまいます。しかし乳児期の子どもたちにとっては、水・砂・土・どろんこなど、いろいろな感触を触って楽しむこと、そして、自分が触って気づいたことを、横でいっしょに楽しんでくれる、おとなの存在があるということが大切です。

子どもが触ってなんとなくいつもと違うと気づいたとき「サラサラして気持ちいいね」「ピチャピチャしようか」「おもしろいね」などと大好きな先生が喜んでくれるというのは、子どもにとって、とてもうれしいことです。

また時には、はじめての感触との出会いが嫌で泣いてしまったときに、その気持ち悪さに共感して、手を洗ってくれたり、直接触らなくてもよいようにスコップなどを手渡してくれる保育者がいることは、子どもにとって安心してあそびに向かえる力になります。

個人差や月齢差も大きい時期なので、おとながリードしてあそぶというより、子ども一人ひとりのようすをよく見ながら、子どもの興味関心におとなが寄り添って、いっしょに楽しむということが大切だと思います。

**ゆったりとした時間と
感触に共感してくれる
おとなの存在が大切**

Q 体づくりの誘い方がむずかしい…

体づくりのことも考え、課業や自由あそびの時間にアスレチックを設置するのですが、その組み方や、子どもたちの誘い方に悩んでいます。しっかり足、腰を使ってほしいと考え、高さのある斜面にすると、あきらめてなかなかあそんでくれず、だからといってゆるやかにすると、簡単すぎるのかすぐにあきてしまいます。好きなおもちゃで誘っても、なかなか向かってきてくれないこともあり、むずかしいなと感じています。（保育歴一年）

自分でどれにするか決めて挑戦できる環境設定を

A 吉住

アスレチックだけでなく、体育あそびをどう展開するかには、くふうが必要だと思います。むずかしすぎると子どもがこわがってあきらめてしまったり、簡単すぎると活発な子どもたちには楽しくないということがあります。

●体育的な課題に取りくむとき

私の園では、アスレチックなど体育的な課題に取りくむときには、同じものでも高い・中ぐらい・低めなど難度の違うものを準備し、子どもが自分で決めて取りくめるようにしています。

体育的な取りくみは、どうしても「できる・できない」が目に見えてわかります。どの子もできるようになりたいという気持ちはもっていますが、体を動かすことが苦手な子や慎重な子にとっては、高いところに登ったり、ジャンプをしたりすることはとても勇気のいることです。いくらまわりに応援されても乗り越えられないときもあるし、応援されればされるほどつらくなるということもあるようです。

できる力に違いはあっても、どの子にとっても、少し勇気を出せばできる課題設定と、子どもが自分でどれにするかを決めて挑戦するということを大切にしたいですね。子ども自身が「できた！」という達成感を積み重ねるなかで、次はもう少し高い課題に挑戦しようとする意欲につながっていきます。

「高い・中くらい・低い」など、難度の違うものを用意しておく

●楽しいイメージの世界も組みあわせる

また、体育的な取りくみを運動あそびとだけとらえるのではなく、絵本のイメージなどと合わせたごっこあそびとして展開することも、楽しく取りくめることにつながります。

ある年の運動会では、三歳児クラスがピーマンマンになって高いろく木に上がり、てっぺんからジャンプして、紙風船で作ったバイキンをつぶすという設定であそびました。

ろく木の上からただ跳ぶだけではこわいけれど、バイキンをめがけて跳んで、保育園のみんなを守るという設定になると、がぜん張り切ってジャンプをしていました。楽しいイメージの世界が、子どもたちの意欲へとつながっていきます。

運動あそびも
ごっこあそびとして展開すると
楽しく取りくめる

月齢差に合わせて分かれてあそぶには部屋も人手も足りません

Q

ゼロ歳児の担任をしています。月齢が違うため、クラス内で分かれてあそぶことがあるのですが、低月齢の子が高月齢の子のあそびをこわさないようにあそぶには、部屋も人手も足りないのが実情です。なにかくふうできることはありますか？（保育歴二年）

間仕切りを作ったり廊下も活用して空間を区切ってみて

A 吉住

ゼロ歳児クラスは月齢差が大きく、あそびの展開のむずかしいクラスですね。本当はそれぞれの月齢や生活リズムに合わせた保育空間の保障ができるとよいのですが、日本の貧しい保育環境の中では、睡眠をとっている子、ミルクを飲んでいる子、あそんでいる子が狭い保育室の中で混在しているという実態があります。子どもたちの月齢や発達に合わせたあそびを保障していくには、くふうが必要です。

●移動の自由の獲得と意欲

ゼロ歳児期は、ミルクを飲ませてもらったり、おむつを替えてもらったりというおとなにしてもらう生活から、寝返りやハイハイ、歩行が確立して、自分の行きたいところへ行ける自由を獲得できるようになっていきます。

保育者の愛情をいっぱい受けて、安心して過ごせるようになった子どもは、保育者のひざから離れて、目に映ったもの、触ってみたいもののところへ、どんどん意欲的に働きかけに行きます。子どもは獲得した自由を目いっぱい謳歌《おうか》して「楽しみたい」と思っているんですね。この「楽しみたい」という思いがかなえられることが、次への意欲を引き出す原動力になります。

●低月齢の子から見た高月齢の子

月齢の低い子どもたちにとっては、月齢の高い子どもたちはあこがれの存在です。大好きな先生とあこがれの友だちが楽しそうにあそんでいる姿を見れば「なんだろう?」「自分もやってみたい!」と思うのは、すてきなことです。

しかし、月齢の低い子どもたちの思いをかなえるとともに、月齢の高い子どもたちのできるようになった力を発揮できるようなあそびの保障をすることも大切です。積み木を積み上げたり倒したりを楽しんでいるところに、ハイハイでやってきた月齢の低い子がブルドーザーのように乗り上がり、全部壊してしまうのでは、さびしいですね。

また、月齢が高い子どもたちは、絵の具を使ってのぬたくりあそびや小麦粉粘土なども楽しめるようになってきます。そんなとき、まだなんでも口に入れて感触を確かめるころの子どもたちがやってくると、あそびを中断せざるを得ないということもあると思います。

●部屋も保育者も増やせない場合

それぞれの活動が保障できる保育室がもう一部屋あれば…保育者がもう一人いれば…と思いますね。

なかなか部屋を増やすことはできませんが、必要に合わせて可動式のロッカーで部屋を仕切ったり、牛乳パックで間仕切りを作るというのも一つの方法だと思います。

私の園では長い廊下があるので、スライド式で扉にもなる柵戸を作ってもらって、廊下も活動の空間として利用しています。限られた保育者の人数の中で完全に独立した部屋で別々にあそぶよりも、ロッカーやつい立てなどで区切られた空間のほうが、保育者どうしの連携がとれて、便利なこともありました。

園によって条件はさまざまだと思いますが、子どもたちが友だちのしていることに興味をもって関わりに行こうとしているということは、保育の中でしっかり活動する意欲が育っているということです。そのことに自信をもって、わがどんなくふうができるかを、楽しみながら考えられるといいですね。

意欲やあこがれが
育っている証拠
保育に自信をもって
楽しくくふうを

Q 高月齢の子もじっくりあそばせてあげたい

ゼロ歳児クラスで、月齢差に合わせて分かれてあそぶとき、高月齢の子どものあそびに低月齢の子どもが興味をもち、やりたいと主張する姿に少し困ることがあります。高月齢の子どもができる難易度のあそびを、じっくりできる時間を保障してあげたいのですが、このようなとき、どうしたらいいのでしょうか。（保育歴二年）

別々の活動でも同じ活動でも楽しめる方法があります

A 青山

「一人ひとりが豊かに発達するには」という視点で考えてみたいと思います。一人ひとりに合った取りくみをするためには、「どの活動をする子どもたちも楽しめるように」というのが何より大事です。

つい、メインになる取りくみ（たとえば描画など）とその他の取りくみというように考えてしまいますが、どの子も（取りくみをする子もその取りくみをしない子も）楽しめるようにすることが大事なのです。

メインと
そうでない活動ではなく
どちらの子どもも
楽しめるよう考える

●取りくみの場所の分け方

まず、押さえておきたいのは、「子どもは見たものにひかれる」ということです。

日々発達している子どもにとっては、自分の外のことになんでも興味津々です。たとえば、月齢の高い子がシールはがし、ポットン落とし、描画などをしようとすると、ハイハイを始めた子が「なんだろう？」とやってきます。いつもと違うことが起きると、興味がわくのは当然のこと。外の世界が楽しくなればなるほど、この気持ちは強くなります。

質問の方も場所を分けて取りくまれているようですが、描画、ポットン落としなど、活動によっては、分けて取りくんだほうが集中できるのも事実です。

他の取りくみと
姿も声も完全に分けると
集中できる

このときに大切なのは、子どもの視界に、他の取りくみの姿が入らないようにすることです。施設の事情にもよりますが、できれば声も聞こえないように区切れるといいです。見えたり聞こえたりすると、どうしてもひきつけられて「やりたい！」となってしまいますので、視界だけでなく、声も聞こえないように、完全に分けることがポイントになります。

●取りくむ時間を見つける

園によっては、「午前中の主活動の時間にやる」とか、「子どもや職員全員がそろっているときにやる」ところもあるとは思いますが、今後は、そういうとらえ方を変えていくほうが、ゼロ歳児の保育に限らず、今の子どもたちの発達や実態に合った保育のような気がします。

一日を見渡すと、比較的人数が少ないとき、子どもが落ち着きやすい時間、分かれて活動がしやすい時間などが必ずあります。そこをねらってちょっとずつやるというのがポイントです。子どもがやりたいからといって、すぐに実現しなくてはいけないということはありませんから、今後の展開も考えて、その活動を今やったほうがいいのかどうかよく考えましょう。ただし、保育者がしっかりそのことを記憶しておいて、どこでできるか、いつも考えておくことが必要です。

　そしてチャンスが来たら、他の保育者にお願いして、協力して取りくむといいと思います。私も、長時間子どもが多いクラスでも、夕方六時くらいになると子どもも少なくなってくるので、型はめなど、少ない人数でやるほうがいいものを取りくんでいました。

　一日の中で、無理なく取りくめる時間は必ずあります。子どもの姿を一人ひとり思い浮かべながら、日課を見渡してみるといいと思います。

1人ひとりの
姿を思い浮かべながら
1日の日課を見直して
時間を見つける

●職員の連携が必要

活動を分けて取りくむというのは、一人ではできません。必ず他の職員の助けを借りることになるので、職員の連携がとても大事です。

　子どもはおとなの一言や動きにとても敏感です。いきなり子どもを分けて取りくんだりしたら、混乱するのは当然ですよね。私も、おやつの後に活動を分ける取りくみをよくしていましたが、別の取りくみを行うときは、他の保育者とアイコンタクトをとりながら（口に出すと、ことばを理解する子どもたちはすぐその気になってしまうので）、一度全員でテラスなどに出て、楽しくあそびをしているうちに他の保育者が準備し、用意ができたら一人ひとりにそっと声をかけ、他の子どもが気づかないようにして、何人か別の場所で取りくみをしていました。

　また、部屋でお山あそびをしていてあきてきたときには、つい立てで仕切った部屋のコーナーなどに一人の保育者がそっと移動し、静かにポットン落としなどを始めると、気づいた子が少しずつ移動し始め、どちらのあそびもじっくりあそべました。しばらくすると、向こうへ行った子がまたこちらのあそびに戻ってくる姿もあり、行ったり来たりして楽しんでいました。

保育者どうし
アイコンタクトをとるなど
連携して、そっと
別の取りくみを始める

　繰り返しになりますが、分かれて活動をするときには、必ずどちらのあそびも楽しくなるように考え、実践することです。場所を分ける場合も、部屋の中で分ける方法と、別の場所も活用する方法がありますが、自分の施設や子どもたちのあそびに合わせて、どのやり方がいいのか考えてみてください。

●同じ活動で楽しくあそぶ場合

　もう一つ考えてほしいことは、それぞれの発達や要求を保障するのは、分かれてあそぶだけではなく、いっしょにあそぶなかでも十分に達成されることも多いということです。

　ご飯ごっこを例にします。部屋のコーナーにマットでエリアを作り、コップやご飯を食事の場面のように設定し、雰囲気を作ります。すると、気づいた何人かがすぐにやってきます。

　保育者は、やってきた子どもがどんなことが好きで、どのくらい集中してあそべるか、あらかじめわかっていることが大切です。子ども一人ひとりが保育者と向かいあえるように、おとなが誘って、子どもを内側に向かって大きく丸く座るようにします。そうすると一人ひとりがよく見え、みんなでいても一対一の関係が作りやすいからです。

その子どもが
どんなことが好きで
どのくらい集中して
あそべるか
知っておくことが大事

　私は、大きい子にはハンカチを広げランチョンマットのようにして、上にコップや皿を並べ、中にくさりやおもちゃの食べ物を入れて「いただきます」をして食べるというあそびをしつつ、ちいさい子には、少し大きな入れ物に同じ物を入れ、出したり入れたりや、他の器に移したりするあそびをしていました。

●月齢の低い子には

そのときのポイントは、月齢の低い子は集中力が短くあそびも単調なことが多いので、おとなのそばに座らせ、すぐに関われるようにしていつも声をかけることです。そうしないと、すぐに大きい子のあそびに気持ちがひきつけられ、取りあげてしまったりするからです。

それを止めながらあそびをするというのは誰にとっても楽しくないので、うたなども歌ったりして、器に入れたり出したり口に入れたりなどの、繰り返しのあそびが単調にならないような雰囲気を作っていきます。上手に入れたら「すごーい」「できた～！」など、ことばや表情で伝えつつ、今やっていることがすてきなことだと子どもが感じるように、おとなも器から器へ入れてあそんで見せるなど、いっしょに楽しむことが大事です。

月齢の低い子には
おとながそばで声かけを

月齢の高い子には
「やってみたいなあ」と
思えるあそびを
具体的に

●月齢の高い子には

一方、ご飯を食べるまねっこをしている月齢の高い子には、「おいしいね」「これもどうぞ」「それちょうだい」、あるいは人形に食べさせるなどなど、あそびに共感しつつも、子どもがみずから積極的にあそべる声かけや働きかけをして、「こうやったらもっとおもしろい」というように、一歳児の世界を意識しながら、子どもがやってみたいなあと思っているあそびを少しずつ具体的に展開し、いっしょに楽しむことが大事です。

同時に両方なんてできないと思われるかもしれませんが、慣れると六～七人でも楽しくあそべます。

月齢の低い子があきてきたとき

発達の段階が違う子どうしがあそぶと、あそびがぐちゃぐちゃになることばかりではありません。ゼロ歳児でも後半になると、月齢の高い子がスプーンでちいさい子に食べさせるしぐさをしたりする姿も出てきます。ほんの一瞬のことですが、こんなほのぼのとした場面が展開されるときは、ゼロ歳でも子どもどうしのあそびの広がりを感じる瞬間でもあります。

そのうちに、月齢のちいさな子は、満足して次のあそびに移っていきます。あきてくるとぐちゃぐちゃにしようとしたり、大きい子のあそびに乱入しそうになります。そんなときは、おとなは声を出さず（ここポイント）、そっと抱きあげ、違うあそびやおもちゃに目を向けさせると気持ちが切り替わり、次のあそびに入っていきます。

違う場所に移動するのもいいです。ただし、そこにも必ず保育者がいることが必要です。ゼロ歳児は、まだまだ自分だけであそべることはほんとに少しだけだと思ってください。

こうした姿は、場面さえ作ればすぐに出るようになるわけではありません。繰り返しやっていると、だんだんそうなっていきます。一人ひとりが、絵本を読んだり、くすぐりであそんだり、うたを歌ったり、手あそびをしたり、何よりふだんのちょっとした時間に、子どものしぐさや思いをあそびにしていくことを、おとなや友だちといっしょに繰り返し楽しんできたかどうかにかかっています。結局は、毎日の細かな、そして地道な積み上げ以外にはないのだと思います。

毎日の
細かで地道な
積み重ねで
楽しく
あそべるように

ごっこあそび

Q ごっこあそびが苦手です…

ごっこあそびがとても苦手です。（保育歴二年）

ちいさいころ、ごっこであそんだことがないので、ごっこがあまりよくわかりません。（保育歴一年）

園でのごっこあそびをまずいっしょに考えてみましょう

A 吉住

若い保育者から、「ごっこあそびが苦手だ」という声を聞くことがよくあります。

運動や折り紙、ピアノなど、技術が問われることについては得意・苦手という表現があてはまります。でも、「ごっこあそびが苦手」ということは、どういうことなのでしょう？

おとなは、ごっこあそびというと「お店屋さんごっこ」や「お医者さんごっこ」などを思い浮かべますが、それらは子どもたちにとって、どんなあそびかということに、まず目を向けてみる必要があると思います。

● 一〜二歳のごっこあそび

子どもたちとお店屋さんごっこをするとき、保育者がお店屋さんになって「いらっしゃーい」と一声かけると、何人もの子どもたちがお客さんになって来てくれます。「何にしますか?」と聞くと、「にんじんください」「だいこんください」と大盛況です。「はいどうぞ。百円です」と手を差し出すと、手のひらをパーンと叩いて、お金を払ったつもりです。中にはお金を払わずに走って行く、あわてん坊のお客さんもいます。

　八百屋さんだったのに、アイスクリームやおもちゃを買いに来る子がいたり、いつの間にかお客さんとお店屋さんが入れ替わったりといろんなことが起きます。でも、細かいことは言いっこなし。自分が家族とお店屋さんに行ったときに見たことのある「いらっしゃい」「これください」「ありがとう」「また来てください」のやり取りの再現が、とても楽しいのです。

　また、お医者さんごっこでは、保育者がちいさな積み木を聴診器にみたてて、子どもたちのおなかにあてながら「どこが痛いんですか?」と聞くと「おなか痛い」。そこで、「アイスクリームの食べすぎですね。注射をしておきましょう」と、人さし指で注射の形を作って見せながら「泣きませんか?」と聞くと、「泣かへん」と胸を張って答えてくれます。実際に病院で注射をするときには泣いてしまう子どもたちも、ごっこあそびの中でなら泣かずに注射ができることが、とても誇らしいようです。

　こんなふうに、ちいさい年齢のごっこあそびでは、子どもたちの経験をもとに、同じことが何度も何度もあきずに繰り返されていきます。

　子どもたちにとって、安定した生活リズムの中で、見通しをもって生活を送れることはとても大切なことです。それと同じで、保育者や友だちと、みたててやつもりを共有しながら楽しむごっこあそびの中でも、自分の経験をもとに見通しをもって、安心してあそべることはとても大事なことなのです。

まず、子ども自身の経験をもとに、同じことを何度も繰り返して安心してあそべることが大事

●イメージの土台になるもの

お店屋さんごっこやお医者さんごっこのように、ごっこあそびは、イメージの世界のあそびです。そのイメージの土台になるものは、再現したくなる体験です。

今実際に目の前にはないけれども、「楽しかった経験をお友だちと語りあいたい！伝えたい！共有したい！」というワクワクする気持ちが、ごっこあそびとして再現されるのだと思います。

ごっこは
イメージの世界のあそび
イメージの土台になるのは
再現したくなる楽しい体験

●園での楽しい体験

私の園では七月に五歳児クラスの子どもたちが、一泊のお泊り保育に行きます。お泊り保育での川あそびやスイカ割り、流しそうめんなどに向けて、プールでそうめんにみたてた毛糸を流してお箸でつかむ練習をしたり、ボールを使ってスイカ割りの練習をしたり、準備の段階から楽しんでいます。

お泊りから帰ってきた後は、ちいさい子どもたちにも体験させてあげようと、鈴割りのように二つに割れるスイカを作って、スイカ割りごっことして再現しようとしていました。そしてスイカ割りごっこデーには「はい、この棒を持ってください」「お兄ちゃんの声のするほうに来てください」と、とても上手にちいさい子どもたちをリードしていました。

こんなふうに、思わず再現したくなる、みんなで楽しかったことを共有したくなるような園での経験が保障できているかということが、「ごっこあそびは苦手」と言う前に、まず大切なのだと思います。

みんなと共有したくなる
楽しい経験なくして
ごっこあそびなし
「苦手」と言う前に
そこを考えよう

Q ごっこあそびがパターン化してしまい なかなか広がりません…

二歳児クラスの担任です。子どもたちはごっこあそびが好きで、病院ごっこやお料理ごっこ、おうちごっこ、保育所ごっこをしているのですが、あそびがパターン化してしまい、なかなか広がらず、むずかしいなあと感じることがあります。（保育歴三年）

「リードしなければ」と思わず子どもたちのようすを見ながら

A 吉住

ごっこあそびの展開のしかたについて、悩みが多いようです。ごっこあそびはイメージの世界のあそびなので、体育あそびや製作のように「こうしたらよい」という手順や方法が明確にならないため、なかなかむずかしいですね。

●二〜三歳のごっこあそび

この年齢のころの子どもたちは、経験したことを再現してあそぶ、ごっこあそびが大好きです。園庭に出ると、大好きなお母さんになってバケツに砂を入れ、スコップでかき混ぜてご飯を作ったり、ケーキ屋さんになってケーキを作ったりを、繰り返し繰り返し楽しんでいます。

保育者が「ケーキください」とお客さんになると、突然ケーキ屋さんの人数が増えて、食べきれないくらいのケーキが並びます。「いくらですか？」と支払いをしようとすると、思わぬ展開に「えっ！」という表情をしたあと、「十円です」と、心配するくらいの安値で売ってくれたりします。

プリンカップをひっくり返しただけのケーキが並んだので、子どもたちを喜ばせようと、小石や落ち葉、枯れ枝などを使ってすてきなデコレーションケーキを作ってみせました。すると

一瞬うれしそうな表情をして「自分も…」とまねをして作ろうとしたものの、すぐにそのあそびが終わってしまいました。自分でカップやバケツを使ってケーキやカレーを作っていたときは、あんなに楽しそうにいくつも作っていたのに…。

　私がまるで見本を見せるかのように作ったケーキは、子どもたちのみたてやつもりの世界を壊してしまったようです。

●ごっこあそびでの保育者の役割

　この年齢のころの子どものごっこあそびは、あくまでも子どもの経験にもとづいたものであり、生活の再現あそびなのです。

　私たちおとなは、さまざまな人生経験の中で得た知識を元に、「繰り返し同じことばかりしていて楽しいのだろうか」「もっとこんなふうにしたらおもしろいのに」「保育士なんだから、もっとあそびをリードして指導しなければ」と思ってしまいがちですが、子どもはこの繰り返しの中で、自分の経験したことの再現を楽しんでいるのです。

　そして、その経験の再現を、いっしょに楽しんでくれる保育者がいるということが、子どもの安心になり、喜びになっています。

経験の再現を
保育者がいっしょに
楽しんでくれることが
子どもたちの
安心、喜び

●子どもたちへの提案のしかたと準備

　子どもたちのあそぶようすを見ていて「少し違ったエッセンスを入れてみたらどうだろ

う?」と感じたときには、それとなく提案してみて、それであそびが広がれば「子どもたちに合った提案ができたんだ」ということですし、それであそびがしぼんでいくようなら「これは合わなかったんだな」と、保育者のほうが引き下がればよいのです。
また、少し形や大きさの違うカップを用意しておくなど、いろいろな道具を準備しておくことで、繰り返しのあそびの中で、子どもがみずからあそびを変化させていけたり、あそびが広がっていくこともあります。

毎日がチャンス

保育園のよいところは、子どもたちと毎日繰り返しの生活やあそびができるということです。保育者も、失敗や成功を繰り返しながら、その経験をもとに、あそびが展開できるようになるというのは、子どもといっしょですね。

提案したり
引き下がったりを
繰り返しながら
「展開できる」ように
なっていく

おとなも、子どもと横ならびで、同じ目線であそびを楽しむことが大切です。あくまでもあそびの主人公は子どもたちなので、子どものようすを見ながら、いっしょに楽しむことが大切なのだと思います。

Q ままごとの展開のさせ方がわからず夢中になってあそべません…

一歳児の担当です。食べ物となべ、スプーンなどがあって「カレー作ろう」と始め、できたら乾杯して「おいしいね」と共感しながら食べるのですが、その後をどう展開していっていいのかわかりません。「次はジュース作ろうか」と、作るものを変えてみたりするのですが、子どもたちもあきてきて夢中になれなかったりします。どんなくふうやことばがけがあるのか知りたいです。(保育歴ゼロ年)

夢中であそべるための「イメージする力」は保育者の援助で育っていきます

A 青山

夢中になってあそびたいと思っても、なかなかうまくいきませんよね。でも、子どもたちもきっと同じなんだと思います。

実は私もごっこが大変苦手です。何十年も保育士をしているのに…。ですから、若い人たちがむずかしいと思うのはあたりまえだと思います。安心してください。

ちいさいころ夢中であそんだ経験の少ない人が保育者になるという時代です。ということは、保育者が次の方向を指し示そうと力まずに、子どもといっしょに一つひとつを楽しんでいけばいいということでもあると思います。

●「ごっこ」がむずかしい理由

ごっこがむずかしいのは「こういうのがい

い」という形がないからです。ごっこは生活再現あそびと言われますが、今は家庭ごとに生活パターンが違い、子どもどうしでも共通の理解を得ることができにくい時代に入っています。

そこをつないでいくのがおとなの大きな役割になっているのですが、これがなかなかむずかしい。でも、子どもはこの「イメージする力」が育たないと、自分であそべるようにならないのも事実です。この点では、保育所の役割がとても大きくなっていると思います。

そこで、子どもにイメージする力が育っていき、自分であそべるようになっていくための保育者の援助のしかたを具体的に書いてみます。

●ゼロ歳児のご飯ごっこ

ごっこで一番わかりやすいのが、誰でも体験しているので共通の理解になりやすい、ご飯を中心にしたあそびです。

ゼロ歳児では、おとなの動作を子どもがまねることが中心になると思います。おとなが食べるまねを繰り返しするなかで、食べるあそびが育っていくのです。おとなが食べるまねをして「おいしい！」とうれしそうにするだけで、子どもはニコッとなりますよね。これが大事です。子どもが一番安定している時間帯をねらって取りくみ、繰り返しやるということです。

そのとき、おとなのしぐさや表情は、子どもがあそびをやってみようとすることに大きく影響します。楽しい雰囲気は、いっしょにやってみたくなるゆりかごのようなものです。

●「繰り返し」の意味

毎日おもちゃを食べるまねをして「おいし

い」とやるっていうのは、おとなはあきちゃいますよね。でも、この繰り返しがおもしろさを引き出すのです。

以前、毎日砂をつかんではザーッとこぼすあそびが楽しい子どもがいました。何がそんなに楽しいのかわからず、自分にはつまらなく感じたのですが、思い直して子どもがやっている動作や表情をよく見てみました。すると、同じように見えても、砂の粒の違いや握った砂の量によって、つかんだ感触、落ちていく風景など、毎回違いがあることに気がつきました。「あれっ」という顔をしたり、目がきらりと光ったり、笑ったりしていました。

思わず「さらさらー」と声をかけると、私の顔を見てにっこり。「これ、おもしろいね」と言っているようでした。「ああ、これが共感か」と心がホッコリしたことを覚えています。

「繰り返し」がおもしろさを生み出す 同じように見えても子どもにとっては毎回違う

よく言われていることですが、おとなにとっては毎回同じ動作でも、子どもにとっては毎回違う、新鮮なことなんだと思います。

●道具と時間

食べるあそびにはなんでも使えます。ブロック、布、くさり、積み木、ボール、なんでも口に入れるまねをすると、ご飯を食べるあそびになっちゃいます。必ずしも器や皿に盛ってというのでなくてかまいません。ちょっとした時間にやるとよいと思います。ゼロ歳児の集中時間は短く、初めは三分くらいだと思います。

ゼロ歳児は手あそびでもうたでも、あるときいきなり楽しかったことなどを思い出してやり始めます。突然のことなので「今やるの？」と思うかもしれませんが、どうしてもできないときをのぞいて、できるだけ子どもがやりたくなったときにちょっとでもやって、共感することがとても大事だと思います。

この「やりたいときにできるだけ実現する」というのは、どの年齢でも共通する大切なことだと思っています。こうやってあそんでいくと、子どもが「あそびって楽しいんだな」と感じるようになっていきます。

「今やりたい」を
大事にして
共感していくと
「あそびって楽しいんだな」
と感じていく

一歳児

「なんとなく食べる」から進んで、ご飯をちゃんと器に入れたり飲んだりの動作がよりリアルになり、食事の一場面が再現されるようになっていきます。そのままではすぐに終わってしまったり、ぐちゃぐちゃにしてしまうので、おとなが食事の場面を意識的に再現し、環境を作っていくことが大切です。

ゼロ歳児と違うのは、スプーンを使ったり、エプロンをしたり、本物らしい食べ物を用意すると、少し本当の食事の雰囲気に近くなり、より楽しくなっていきます。

ご飯をおなべに入れて料理をするまねっこも始まりますが、一つひとつのあそびがまだ独立しているのが一歳児で、集中時間は五～一〇分といったところです。

器やスプーン
エプロンなどの
道具も用意
食べる場面を
よりリアルに再現

二歳児

食べる、作るなどが別々のあそびだったのが、ご飯を作って器に入れるなど、連続したあそびになり始めます。記憶が確かになり、観察力もつくからです。

そうなるとあそびがどんどん変わっていきます。たとえば、バーベキューごっこでは、焼き網を用意して材料をのせるとそれらしく楽しめるようになります。子どもが楽しさを感じる場面も、網で焼くだけから、肉をひっくり返す、火をおこす、皿に入れる、ソースをかけるなど、より細かくなっていきます。

お母さんやお父さん役の子も出現し、それらしくふるまうようにもなります。おとなの支えのなかで、少しずつ子どもだけでやり始める、どんどん自分たちでいろいろ考え出すようになっていきます。

ここまでになるのは、実は大変むずかしいことです。一人ひとりがどんなあそびが好きなのか、その子が楽しくなるあそびを探して、いっしょにやることの積み重ねがいります。

記憶、観察力がついて
より細かい設定に
作る、食べるが連続し
役も出現

行事の再現あそび

ブロックで見事な消防自動車などを作るのですが、なかなか友だちとあそばない子が、園の行事で餅つきをした日に、布を重ね、餅にしてスプーンでぺんぺんとつき始めました。

手返しをする子、水を打つ子、ついた布のお餅を運んで皿に入れる子など分担も進み、みんなであそんでいて、その子は杵《きね》を持ってとても楽しそう。次の日もやっているので、段ボールで臼《うす》や杵を作るとものすごく盛りあがり、一か月以上も続くあそびになりました。

こんなふうに、楽しかった体験がすぐにあそびに再現されるのが二歳児からの世界です。いろいろ展開されますが、具体的なイメージはまだ弱いので、グッズをくふうしたり、動作ややりとりをおとながやって見せたりすることが欠かせません。

●三歳児

バーベキューなら肉をはさむトングなど、二歳児よりグッズが増え、本物らしいおもちゃだけでなく、ブロックも「これ、おいも」と自分たちで何かにみたてて、それが共通の認識になっていきます。メニューや素材もより細かくなり、家庭だけでなくレストランや回転寿司など、お店の再現なども始まります。

このころになると、多種多様のごっこが展開され始め、ますますおとなはいなくても自分たちだけであそびを展開して楽しめるようになっていきます。

そんなふうになると、保育者も本当に楽しめます。

何かをみたてて
共通認識にしたり
お店屋さんも再現
自分たちだけでも
あそびが
展開できるように

●イメージを描く援助

子どものあそびたいイメージは、しゃぼん玉のようにもろく、すぐに消えてしまいます。イメージが弱い子どもではなおさらです。

子どもが自分であそべるようになるためには、おとなが手伝うことが大切です。「こういうあそびでなくちゃ」と考えずに、子どもがちょっとやり始めたあそびにヒントを得て、なんでもあそびにしちゃうのがポイントかもしれません。

たたかいをしている子がいたら「○○ショーごっこ」や「おすもうごっこ」、走っている子がいたら「オリンピックごっこ」、かばんを持っていたら「お買い物ごっこ」、ご飯を並べていたら「レストランごっこ」など。すぐに何かのあそびにしてしまうと、子どもたちも「こうやってあそべばいいのか」という体験が積み上がりやすく、やがて自分であそぶきっかけになっていきます。

そのためには、子どもがイメージを描きやすいようにおとながグッズを作ったり、動作やことばのやりとりなどを再現することがとても大事です。餅つきでも、段ボールで臼や杵を作るなかであそび方がよりわかりやすくなり、バーベキューでも網があることで、あそぶイメージが確かになっていきました。

イメージを描きやすいように
グッズを用意したり
動作ややりとりを
再現してみせる

●自分たちであそべるようになる基本

この「イメージを描ける」という基本ができていれば、幼児では自分たちからあそび始めます。もし幼児であそべていないのなら、一人ひとりがどんなあそびが好きなのか、どんなあそびをしたいのかだけでなく、今どんなあそびをしているのかを探っていきます。そのうえで、友だち関係にも注意を払いつつ、やりたいあそびを探しながら、意識的におとながあそびを展開していくことが必要になります。

Q すぐ始まるたたかいごっこ あぶないので止めているのですが…

二歳児の担当です。テレビの影響で、自由あそびの時間にたたかいごっこ（パンチ・キック）が始まります。子どもたちなりのヒーローになりきってあそんでいるのですが、ケガにつながるのですぐに止めています。しかし、またすぐ始まります…。（保育歴二年）

問題行動としてではなく 三歳ごろの発達の特徴と とらえてよいと思います

A 吉住

正直に言うと、私も「これをすれば解決できるよ！」というような、特効薬のようなあそびは思いつきません。

あまりにも毎年、三歳ごろの子どもたち（特に男児）の姿として出てくるので、たたかいごっこを問題行動ととらえるのではなく、この年齢の発達の特徴としてとらえてもよいのだと思います。

●たたかいごっこのとらえ方

三歳ごろの子どもたちは、「強い・弱い」「勝つ・負ける」「大きい・小さい」などの二分的評価に揺れながら、集団の中で一所懸命に自分を主張しています。そんな子どもたちにとって、悪者をやっつけるヒーローはあこがれの存在なのです。

また、「家でテレビは見せていないのに、なぜ保育園でたたかいごっこをするのか？」という悩みを話されるお母さんがいました。このことから「友だちといっしょにあそびたい！」「友だち楽しさを共感したい！」という思いが、たたかいごっこの中にあるということを深く感じました。

強いヒーローに
あこがれる気持ち
友だちとつながって
楽しさを共感したい
思いがある

ケガにつながる危険もあるし、おとなから見るとたたかいごっこはなんとか解決したい問題ですが、子どもにとっては、友だちとつながりたいという要求とぴったり合う、手っとり早いあそびなのです。

●たたかいごっこが流行ったとき

危険であること、友だちに乱暴をしてはいけないということをきちんと伝えながら、たたかって勝つか負けるかということより、子ども自身がルールをくふうしたり、友だちと協力してあそぶことが楽しいということを、学んでいくことが大切なのだと思います。

たたかいごっこがクラスに広がってくると、そ

たたかいごっこの
ルールをくふうしたり
あそびや生活の
見直しも必要

のことにピリピリして、あそびや生活がいつも中断してしまうこともあります。ちょっと視点を変えて、子どもたちがなかまとつながりたいという思いを強くもっているととらえて、挑戦してみたいと思えるあそびや、なかまの中で自分を発揮できる当番活動など、生活の見直しをすることが必要だと思います。

Q たたかいごっこを別の形で広げたいがどう展開すればいい？

三歳児の担当です。子どもたちはたたかいごっこや戦隊ヒーローごっこが大好きですが、室内だと危険なので、別の形であそびを広げていくにはどうするのがいいのでしょうか？（保育歴ゼロ年）

場所やルールを決めグッズやポーズもくふうすれば楽しさにしていけます

A 青山

たたかいごっこはどうしても困ったものとして受けとられがちですが、私はそうは思っていません。保育者が悩むのは、「あぶない」「相手にケガをさせてしまうのではないか」「暴力的だから許したくない」「どうあそんだらいいのかわからない」ということが主な理由だと思います。

子どもの姿を「たたかう」という視点ではなく「どうしてやりたくなるのか」という視点から見てみると、また違った姿や要求が見えてくるのではないでしょうか。

●やりたくなる理由

私は、たたかうあそびは子どもが発達していくなかであたりまえの姿だと思っています。自分の体を使って外の世界と関わってみたいという一つの現れで、成長にともなって体力や力もつくなかで、「自分の体を思いっきり使ってみたい」「荒々しくふるまってみたい」「ものを振り回したい」「相手とぶつかってみたい」「正義の味方になってみたい」「悪者をやっつけてみたい」など、さまざまな子どもの要求が、たたかいの中に含まれているのだと思います。

本気になってしまうのは二歳児から三歳児にもっともよく見られますが、あそびに入り込むというところでは、おうちごっこでお母さんになるのとまったく同じことだと思います。テレビなどで正義の味方がかっこよく悪者をやっつける場面を見たら、やりたくなるのは自然ではないでしょうか。

●たたかいごっこのあそび方

一歳児の後半から、たたかいを始める姿が出てきますが、そういうときはまず、あそぶ場所を決めます。たとえば、部屋の中は静かにあそぶコーナー、たたかいはテラスというように、繰り返し分けてあそぶようにすると、子どもたちもたたかいたくなったら自然にテラスに向かうようになります。

もう一つ大事なのは、それぞれのあそびをつなげることです。ご飯ごっこをお店屋さんにして、たたかいをしている人が食べに来られるようにし、互いのあそびをつなげると、たたかいもあそびの一つとして成立していきます。

まず最初は、おとなが悪者になって、子どもとたたかうあそびにしちゃえばいいと思います。おとなとやるなかで「お顔はなしね」「やさしくやってね」など、繰り返しやり方を具体的に伝えつつたたかいごっこをすると、子どもたちもちゃんとできるようになっていきます。

たたかいの場所を決め
ほかのあそびとつなげる
最初はおとなが悪者になって
ルールを繰り返し伝える

●本気になってしまったとき

そうは言っても、ときどきは本気になってしまうのも事実。そういうときは、悪者を絵に描いて貼っておき、それをやっつけるあそびにするといいです。園内のどこかに貼っておいて、桃太郎のように勇ましくやっつけに出かけていくなどすると、おおいに盛りあがります。

また、たたかいが始まったら「いよいよ始まりました！○○ちゃんと□□ちゃんのたたかいです」などと、おとなが進行役になり解説をしたりすると、やるほうもまわりも楽しくなることが多いです。それでも本気になるときは、おとながレフリーになり仲裁に入ります。これも、あくまでもショーにしてしまうつもりで止めるのがポイントです。

おとなが進行役になると
みんな楽しくなる
仲裁するときも
ショーのつもりで

●たたかいごっこを広げるくふう

どの年齢でも、たたかうだけで楽しむというより、たたかい方のポーズやグッズが、あそびを広げるうえでもとても重要です。はじめはおとなが作りますが、だんだんといっしょに作ったりしながら楽しめるようになります。

五歳児で、紙で作ったちいさな棒をいくつかまとめて立派な剣を作ったら、子どもたちも自分で作るのに夢中になり、侍ごっこに発展し「せっしゃは…」なんて言いながら、剣道の試合のように盛りあがりました。

もちろん「顔はなし」「うそんこだから本気でやらない」と、きちんとルールを作って根気よく伝えてあそびました。斬られ方もくふうするようになり、数か月も続きました。作ってあそぶのは、あそびの王道ですよね。

　何かを持って振り回したい二歳児に、太鼓のバチを新聞紙で作って太鼓ごっこをしたことがあります。これなら思いっきり叩いても誰も困りません。大好きなうたを歌いながら叩いて存分に楽しみました。友だちといっしょに叩いていると、顔もおだやかになります。

　段ボールで大工さんのような金づちを作り、段ボールの箱に小さな穴をあけ、短い棒を釘にみたてて打ち込むあそびも、一か月以上もヒットしました。また散歩のときなど、木を悪者にして叩いてあそぶのもおもしろいです。

ポーズやグッズを
くふうすると
あそびが広がる
叩きたい気持ちは
太鼓や金づちを作って

楽しさにしていくには

大事なのは子どもだけにしないことで、やっていることに共感することがポイントです。「今の振り回し方かっこいい」「いい音するね」など、いいところを見つけ出し、楽しさにしていくところは、ちょっと努力がいるかもしれません。

　それでもたたかいがひどくなるときは、一人ひとりのあそびがあるのか、体を使ってあそびたい欲求はないのか、みんなであそぶ楽しさがクラスにあるのかなどを探り、解決していくことも必要かもしれません。

絵本を読んで、そのあとのごっこあそびの展開のしかたがわかりません…

ごっこあそびをするとき、絵本を読んで、そこからの流れがむずかしいです。ベテランの先生もさらっとしか言われないので、発展のさせ方がわかりません。(保育歴一年)

「この先生とあそぶのが楽しい」という思いが、子どもたちに芽生えるところから始めてみて

吉住

ごっこあそびは子どもたちとのイメージの世界のやりとりで進めていくあそびなので「こういう方法ですればうまくいくよ」という手順や方法を伝えることができにくいものです。相談されたベテラン保育者も、どう答えたらよいのか迷われたのかもしれませんね。

保育者があそびの展開で頭を抱えているときに、まず私がするアドバイスは「その暗い表情はやめようよ。あそびは楽しいからあそびやねん」です。楽しいあそびを考えているはずが、どんどん暗闇に入ってしまって悶々と考えている…これでは楽しい保育を展開することになりませんね。

まず保育者自身が「こんな展開をしたら、子どもたちきっと喜ぶだろうな!あ~なんかワクワクしてきた。早く子どもたちとやってみたい!」と思えることが大切です。

●保育の中の活動

保育は、学校教育のように一つひとつの活動が区切られて展開するものではありません。たとえば、散歩先で出会ったカエルになってカエル跳びでジャンプをしたり、カエルの製作をしてみたり、カエルのうたを歌ったり、カエルをテーマにどんどんあそびを広げていくことができます。

実際にカエルを見たときには「こわい～」とさわれなかった子が、製作はとても好きで、自分が作ったカエルなら楽しめることもあります。また、プールで水が苦手だった子が、「ゲロゲロ鳴いてから水に潜るよ」「カエル泳ぎだ！」と、カエルのごっこあそびを取り入れると、笑顔で楽しめることもありますね。

そんなふうにカエルの世界をいろいろ楽しんだ後、カエルの絵本を読んでみると、絵本の世界と実際の体験がつながって、ごっこあそびへとつながっていくことがあります。

「絵本＝ごっこあそび・劇あそび」ととらえるのではなく、さまざまな体験や季節の変化とも結びつけながら、絵本の世界を楽しむことができるとよいのではないでしょうか。

●保育者との楽しい活動の共有

乳幼児期の子どもたちの保育は、生活とあそび、いろんな活動が絡まりあいながら楽しく展開されていくことが大切です。保育者自身がごっこあそびでの展開がむずかしいと感じているとしたら、むずかしいところから入るのではなく、好きなところから保育の世界を広げていけばよいのではないかと思います。

何度も繰り返しになりますが、ごっこあそびの土台になるのは、子どもが再現したくなる、友だちと共有したくなる体験です。お散歩が好きな保育者はお散歩から、うたが好きな保育者はうたから、体育あそびが好きな保育者は体育あそびから、製作が好きな保育者は製作から、保育の入り口を広げて子どもといっしょに楽し

むことで「この先生とあそぶのが楽しい！大好きな先生と楽しいことを共有したい！」という思いが、子どもたちの中に芽生えます。

そして、楽しい活動を共有することで、保育者が子どもたちの興味をもったことに気づき、その経験を絵本の世界やイメージの世界につなげていけるようになるということも大切です。

むずかしいことに悩むのではなく、楽しいことから保育を作っていく視点が大切なのだと思います。

「絵本＝ごっこあそび・劇あそび」ととらえず
自分の好きな活動を
子どもたちと楽しむことから始めよう

Q 複数の保育者でごっこあそびを展開するとき「これでいいのか？」と悩みます…

複数の保育者とごっこあそびを進める際、相手の先生の考えや展開のしかたがあると思うので「私のこのことばがけや、このしかたでいいのかな？」と悩むときがあります。（保育歴四年）

どう思われているのか心配なときは相手も同じ思いをもっていることが多いようです

A 吉住

最近、担任決めをする際に、複数担任の乳児クラスより、単数担任の幼児クラスの希望が多いという話をよく耳にします。単数担任なら「成功しても失敗しても、全部自分の責任だと割り切れる」「聞いていないとかの行き違いがわずらわしくない」ということもあるようです。

保育の仕事はコミュニケーション労働であるだけに、子どもや保護者にも気をつかい、そのうえ保育者どうしの意思統一がむずかしいとなると、とてもストレスのたまる問題だと思います。

●保育者どうしの壁

年度末の園の研修で、二人でゼロ歳児を担任した三年目の保育者から、「なかなかお互いの思いが言えずぎくしゃくしてしまっていた時期があったけれど、思い切って言いあったらすっきりして、それからはなんでも言いあえるようになった」という報告がありました。先輩・後輩だけでなく同期どうしでも、乗り越えなければならない壁があることを感じました。

待機児解消の名目の下での定員の弾力化で子どもの人数が増えたうえに、さまざまな書類作成に追われ、保育者どうしがじっくり話しあう時間がとりにくい状況が生まれています。

話しあいの時間をもつのはなかなかむずかしいことですが、午睡中に一〇分間振り返りの時間をもったり、第一木曜日はクラス会議の日などの定例化も効果的です。担任だけで話すのがむずかしいときは、主任や先輩保育者に入ってもらうのもよいかもしれません。

こちらが「どう思われているのかな?」と心配になるときは、相手も同じ思いをもっていることが多いようです。

相手の思いがわかると、たとえ保育の手立てが違っても、認めあえたり、意見を言いあいやすくなるものです。思い切って相手の思いを聞いてみることで、わかりあえるのではないでしょうか。

> **相手の思いがわかると**
> **たとえ保育の**
> **手立てが違っても**
> **意見を言いあいやすく**
> **なるもの**

Q 子ども一人ひとりのイメージが違っていて いっしょに楽しめないことが…

三歳児の担当です。ままごとや、絵本からのごっこあそびで、一人ひとりの役のイメージが違っていて、いろんなお母さんがいたりするなかで、うまくつなげてあげられません。「どうしてもこの役はこうなんだ!!」という子どもうしでケンカになったりして、あそびが中断してしまうこともあります。どうしたらいっしょに楽しめるのでしょうか。(保育歴一年)

おとなの視点で「こうでなければ」ということから入らず、柔軟に

A 吉住

幼児期のごっこあそびは、子どもが生活やあそびの中で経験したことを、友だちとイメージを共有しながら再現して成り立つあそびです。

●生活経験の違いを園で補う

ままごとといっても、子どもの生活経験には違いがあります。年齢は低くても家庭でお母さんの料理をしている姿をよく見ていたり、時にはお手伝いをして簡単な料理をいっしょに作ったりおそうじをしたり、という経験をしている子もいれば、家事をしているところを見る経験がまったくない子もいます。

最近は保護者の長時間労働のために、保育園にお迎えのあと、お父さんやお母さんといっしょに祖父母の家に帰って、できあがった夕食を食べ、お風呂にも入って家に帰るという子どももいます。家は寝るところで生活の場ではないという場合もあるわけで、ままごとといっても、子どもどうしでイメージを共有させてあそぶということがむずかしくなっているように思います。

こういった状況の中で、子どものごっこあそびの土台となる生活経験を保育園で補うことが必要になります。給食を配るお手伝いをしたり、簡単なクッキングや洗濯物をいっしょにたたむなど、みんなで楽しんだ経験をごっこあそびにつなげていけるといいですね。

●散歩や絵本をみんなで楽しむ

また、ままごとにかぎらず、お散歩先でみんなで見たちょうちょやカエルになってあそぶというのも楽しいですね。ごっこあそびは友だちとイメージを共有してこそ楽しいものになります。みんなで実際に経験したことと、みんなで読んだ絵本経験を結びつけながら、豊かにごっこあそびを展開していくことも大切です。

あそびであるかぎり、どの子も自分らしさを発揮して楽しめるものであることが求められます。おとなの視点でこうでなければならないということから入るのではなく、「お母さんが二人いたってかまわない！いろんなお母さんがいて楽しいね！」と、保育者もいっしょに楽しむことが大切だと思います。

みんなで楽しんだ
経験のイメージを
共有して
ごっこあそびに
つなげてみる

●保育者の援助

どの園にもごっこあそびに入れない子どももたちがいると思いますが、その子の好きなことからあそびを広げていく援助を保育者がすることも必要です。

たとえば、二六ページのスイカ割りごっこのように、具体的な物があることでイメージが共有しやすくなります。また、保育者が、あそびの中での役割や方法を子どもたちに明確に伝えることで、どの子もあそび方を理解することができ、役を任せられる喜びを感じながら楽しめるようになることがあります。

入れない子には
保育者が具体物や
あそび方、役割を
示して援助を

Q

絵本の世界のイメージを共有しづらい子がいるとき、どうすればいいのか…

五歳児で、エルマーやへなそうるのお話を読み、ごっこあそびを展開していくなかで、イメージをもちにくい子どもたちが、「そんなんおらんし」「うそやで」と言って、ほかの子どもたちと楽しさを共有できないことがあります。みんなが「もしかしたら本当にいるかも」と思えるようなあそびの展開がむずかしいです。（保育歴六年）

A 吉住

「みんなと楽しくあそびたいのにあそべない」つらさが、否定的なことばになっているのかも

幼児クラスでお話の世界のごっこあそびを楽しんでいるとき、「うそや」「ほんまはおらんし」という子

どもの声を聞くことが結構あります。

ごっこあそびの位置づけ

ごっこあそびをどんなふうに展開したらよいだろうと悩む保育者は、自園のあそび文化の中に、ごっこあそびが位置づいているから悩むのです。

乳児期から、みたてつもりあそびやごっこの世界でいきいきとあそぶ子どもの姿を見て、自分も保育の中で豊かにごっこを展開したいと思うからこそだと思います。

それは子どもたちもいっしょで、乳児期からみたてたり、つもりをもって再現したことを保育者や友だちに共感してもらった経験を積み重ねていることがとても大切です。

積み木をおまんじゅうにみたてて食べるまねっこをしたとき、「おいしそう。先生にもちょうだい!」「おいしいねえ」と、いっしょに喜んでくれる保育者の存在があるからこそ、子どもは自分のイメージの世界をどんどん広げ、イメージしたことを表現するようになります。同じ場面で「それは積み木。お口に入れたら汚いよ」と返されると、せっかくのつもりの世界がちいさくしぼんでしまいます。

「あそび文化」の違いを理解する

家庭での生活においても、ボタンを押せば反応するゲームや、知育玩具であそぶことが増えているなかで、子どもが自由にイメージをふくらませるというより、現実に向きあって、手順通り進めなくてはならないあそびが増えています。

そういうあそび文化の中で育ってきた子どもにとって、「エルマーになってりゅうを探しに行く」なんてイメージするのは、とてもむずかしいことだということを、私たちが理解することが大切です。

四~五歳児くらいになると、自分たちの実際の体験だけでなく、絵本やテレビで見た知識なども組みあわせてイメージを広げることができるようになります。

クラスのみんなが楽しそうに絵本の世界であ

そんでいるのに、一人だけその世界がわからないというのは、子どもにとってはとてもつらいことだと思います。

「ほんとはみんなと楽しくあそびたいのにあそべない」そのつらさが「そんなんおらん」という、否定的なことばになってしまうのでしょう。

イメージをふくらませることがむずかしいあそび文化の中で育ってきた子もいると理解すべき

みんなが一員として力が発揮できる展開

私はごっこあそびの展開は、できるだけ幅広い取りくみのほうがよいと思っています。ごっこあそびとしての展開には入れないけれど、たとえば「エルマーのぼうけん」でみんなでゴビゴビ砂漠の地図作りをするとき、その子が字を書くのが好きなら、地図に字を書いてもらうというのも一つの方法かもしれません。同じ活動を同じように楽しめるというだけでなく、一人ひとりの子どもの得意なことを発揮できる活動の展開を考えることも、保育を進めるうえで大切なことだと思います。

全員が信じているわけではない

年齢が高くなってくると、どの子もみんな本当にその世界を信じてお話の世界であそんでいるわけではありません。うそっこの世界とわかってはいるけれど、そのうそっこの世界がまるで本当にあるかのように、友だちといっしょにイメージを作り出していく楽しさを共有しているのです。

イメージの世界を作り出すなかで、一員として力が発揮できたと感じられたとき、本当にいるかいないかではなく、みんなであそびを作り出す楽しさやりがいを、どの子も感じられるようになるのだと思います。

一人ひとりの子どもの得意なことを発揮できる活動の展開のしかたを考えよう

集中してあそんでいるとき次の活動のために中断させてしまっていいのか…

Q

長時間、一つのあそびに集中してあそびこんでいる姿があるとき、散歩など、次の活動にかかってしまう場合に、中断してしまっていいのかと、毎回悩んでしまいます。（保育歴三年）

A 吉住

その部分だけでなく生活全般の中の一コマと考えましょう

子どもがあそびに夢中になっているとき、時間の関係で中断させなければならないと、心が痛みますね。「給食の時間だからお片づけしようか」という保育者の声に「えー！もっとあそびたい」「まだこれ作ってる途中やのに」と言われると、子どもの気持ちもわかるだけに、とても罪深い気持ちになります。

しかしあそびの時間を延長してしまったがために、給食が遅れ、午睡が遅れ、子どもたちを急がせてそのあとの生活を送らせなければならなくなるということもあります。せっかく大好きなメニューの日なのにおかわりの時間がなくなってしまったり、まだ眠くて泣きながら午睡から起きてくるというのも、子どもにとってつらいことです。

その部分だけにとらわれてしまうのではなく、生活全般の中での一コマと考えて保育を作っていくことが必要です。

●活動への見通しと期待

あそびを中断させなければならないときには、「今はおしまいだけれど、給食を早く食べたらまたできるよ」「今日はおしまいだけれど、明日またしようね」というふうに、終わりを伝えたうえで、次に見通しと期待をもって、子どもがみずから活動を締めくくれるようにするということも大切なことです。

どの子もあそび切って満足して終えられるというふうになるとよいのですが、子どもたちがあそびにすっかりあきてしまって収拾がつかなくなって終えるということもあります。

ですから、あそびの始まりから終わりに見通しをもって、「もう少しあそびたい！またあそびたい！」という余韻をもって終えるということも、次の活動への期待につながってよいのではないかと思います。

次に見通しと期待をもてる
声かけなどで
子どもがみずから活動を
締めくくれるように

子どもも保育者も

み〜んなで思いっきり楽しいあそび

葉っぱのお山

落ち葉ひろいを楽しみます

きれいな落ち葉を
たくさんお散歩バッグ
に入れて

葉っぱのお山を作りました

くまででも
集めました
子どもたちが集めた
たくさんの葉っぱ

葉っぱのお山で……

♪つきまで つくまで
とんでけ〜
1.2.3.パラパラ〜
葉っぱをけって
遊んだり
歩くとカサカサ
音がするね
散らして遊んだり…

広い園庭の一角を芝生化したビオトープには、実のなる木や、桜やいちょうなどの大きな木もあり、秋になるときれいに紅葉し、地面に落ち葉のカーペットができます。

　子どもたちと落ち葉ひろいを楽しんだあと、自然の中でもっと大胆に全身を使ってあそびたいと思い、子どもたちの「もっと」や「いっぱい」がうれしい思いも考え、大きな落ち葉のお山を作りました。見た目にもインパクトがあり、子どもたちも大喜びで踏んだり散らしたりと、落ち葉の感触を楽しんでいました。

葉っぱのお山の中に子どもをかくして「むっくりくまさん」のうたを歌います

♫ むっくりくまさん
むっくりくまさん
あなのなか〜

♫ めをさましたら めをさましたら
たべられちゃうよ〜〜

最後に葉っぱの山の中から子どもが出てきます

ふとんのように葉っぱの中に入ってみたり……

おふとん入ろ〜〜
おやすみなさい

2 歳児

どんぐりころころ

二歳児で、マットあそびを楽しみました。じゃれあいあそびで肌と肌がふれあう経験をして、お友だちがいっしょにいて楽しいと思える存在になるよう心がけました。

　春のころは一人でころころ、夏ぐらいには途中でマットをつぎ足したり、秋には「二人どんぐり」をしたり、だんだんとバリエーションを増やしました。

　初めのころは、ぶつかると「せまーい」「いたーい！」と押しあいになっていたのですが、顔を見あわせて笑い転げるようになりました。

今度は2人 どんぐりだよ
♪どんぐりころころ こーろころ♪
ど〜んて なったなあ
あはは! ぶつかっちゃった!
マットを2枚にして 両手をつないで ころころ〜〜

うしろから転がってきた子も、2人のようすに
なんだか楽しくなってきて笑い始めました
そしてそのまま、みんなでころころ笑いながら
転がっていきました

大きなケーキを作ろう!

パンケースに材料を入れます

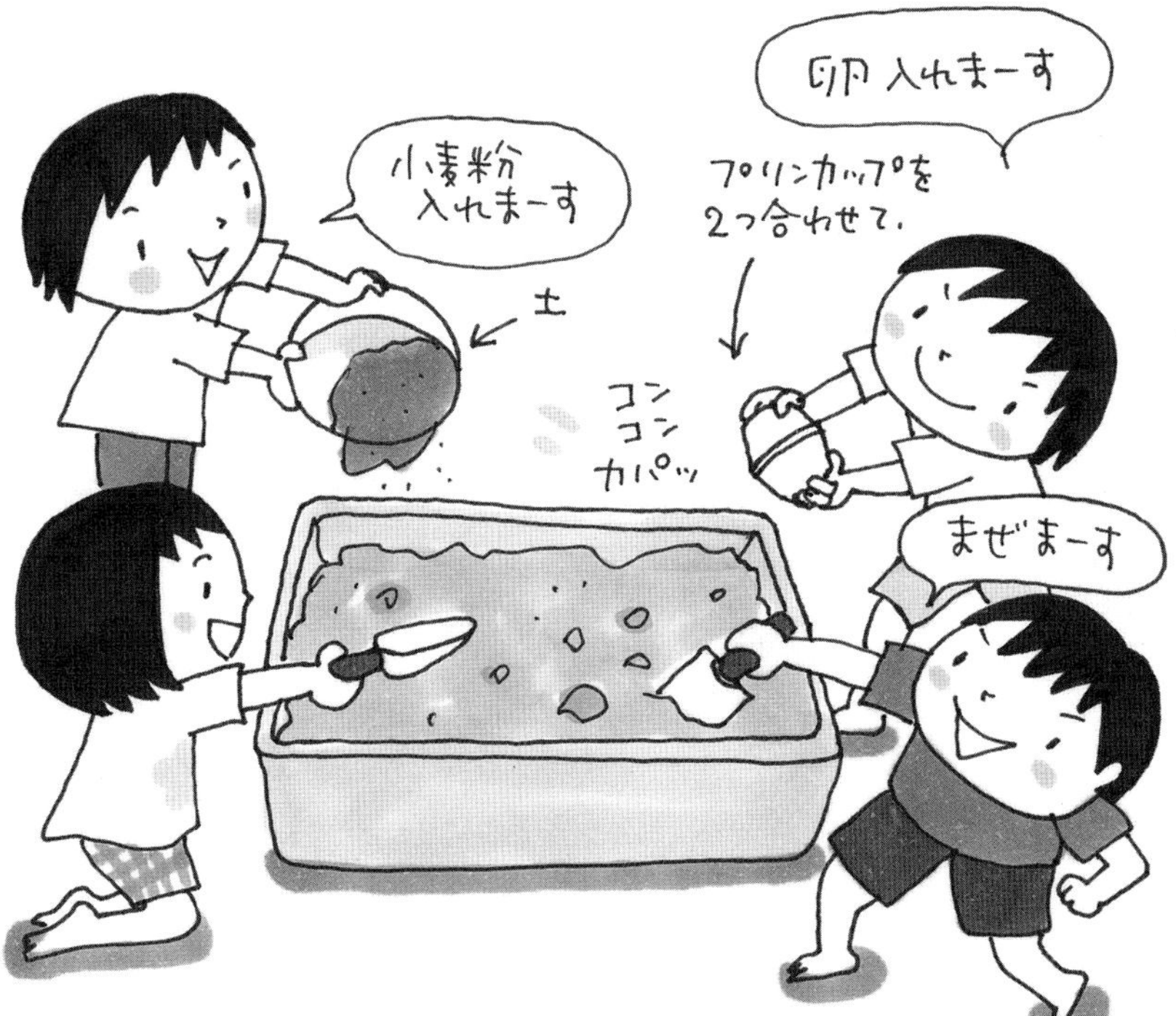

いろいろ入れます

なかなか友だちとつながる姿がなく、一人ひとりのあそびになりがちだったのですが、「何か一つのあそびに向かって楽しさを共感したい！」という思いから、砂で大きなケーキ作りをしました。
作り始めると、友だちのやることを見て「楽しそう～」と同じようにやってみる姿も。完成して気持ちを一つにするべく、みんなでおまじないもかけました。どの子もケーキのイメージをもちやすいこともあり、初めて「みんなでいっしょに！」という実感がもてるあそびとなりました。

いろいろ入れてひっくり返します
みんなでおいしくなる
おまじないをすると
みんなの気持ちが
ひとつになって
パンケースを開ける瞬間の
期待度が増します

それではオープン!!

ケーキを食べる前に、壁に置いてある
プランターの支えを水道にみたてて
手を洗いに行く姿も
見られました

ことしのぼたん

♪ことしのぼたんは
よいぼたんー♪

歌いながら
手をつなぎ
輪になって歩く

耳のまわりを人さし指でくるくる（2回）　　２回手をたたく

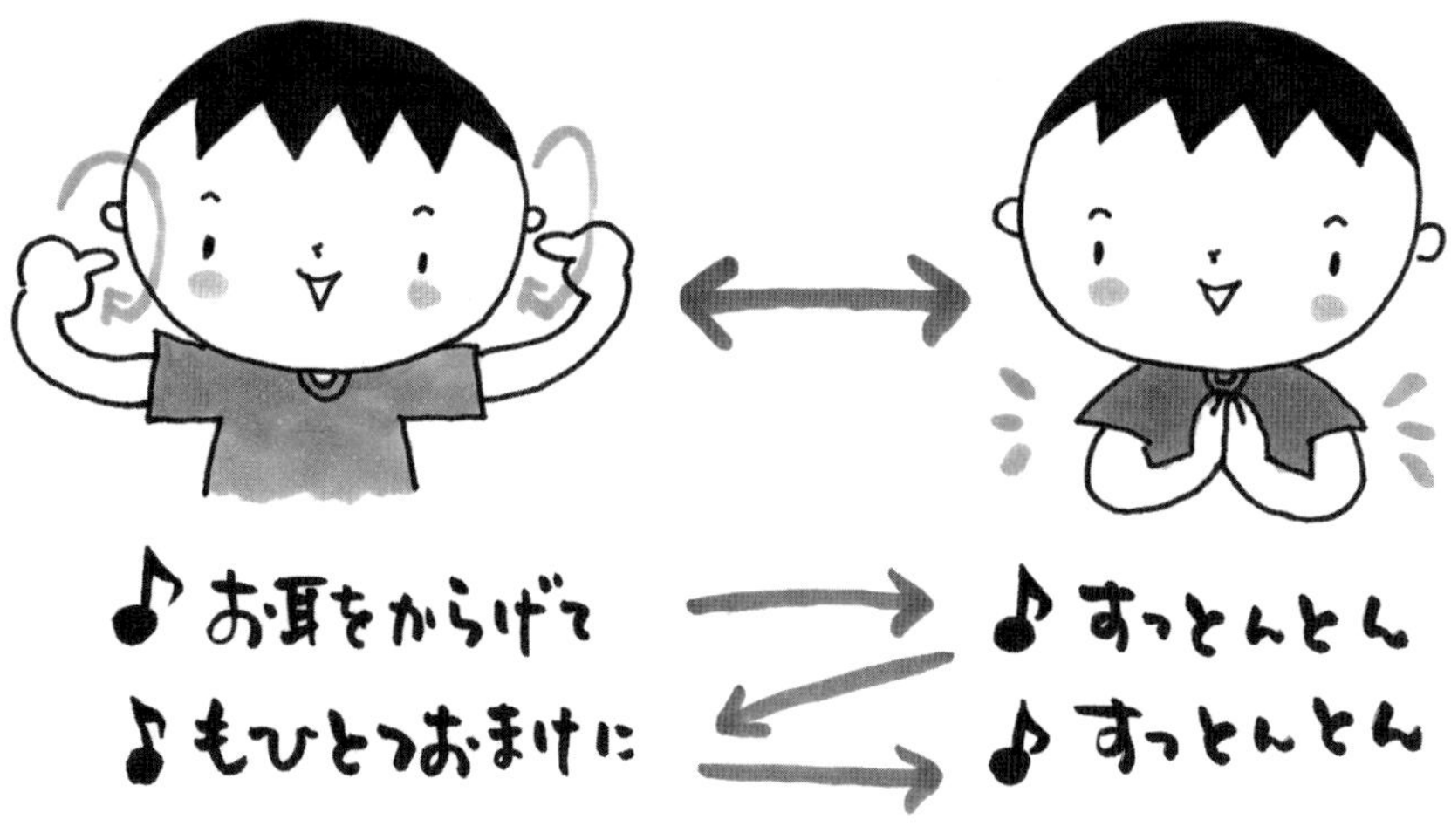
♪お耳をからげて
♪すっとんとん
♪もひとつおまけに
♪すっとんとん

帰る子たちを決めて
輪から少し
離れる

かえるー
A
かえるー
B
わたし、帰る
C

一～二歳児向けの「ことしのぼたん」をしてみました。一歳児でも「次は○○だ」と考えられるおにごっこを大切に考えて、このような展開にしました。

子どもたちはせりふをおぼえて言ったり、「次はおにになる番だ」と見通しをもって楽しんでいました。

「すっとんとん」などのコミカルなフレーズや動きも気に入っていて、クラス全員で自然と手をつなぎ、輪になることができました。

残った子たちが手をたたきながら歌う

帰る子が順番に「わたし？」と聞き

みんなが「ちがう」と答える

数回くり返して最後のときに

みんなで「そう！」と答えて指さし

その子がみんなを追いかける

ヒラヒラマンのしっぽとり

保育者が全身にしっぽをつけて
くるくるっと回ると……

ヒラヒラマン
に変身!!
「あ、あのあそびが
始まる」と
ぴん!とくる
子どもたち…

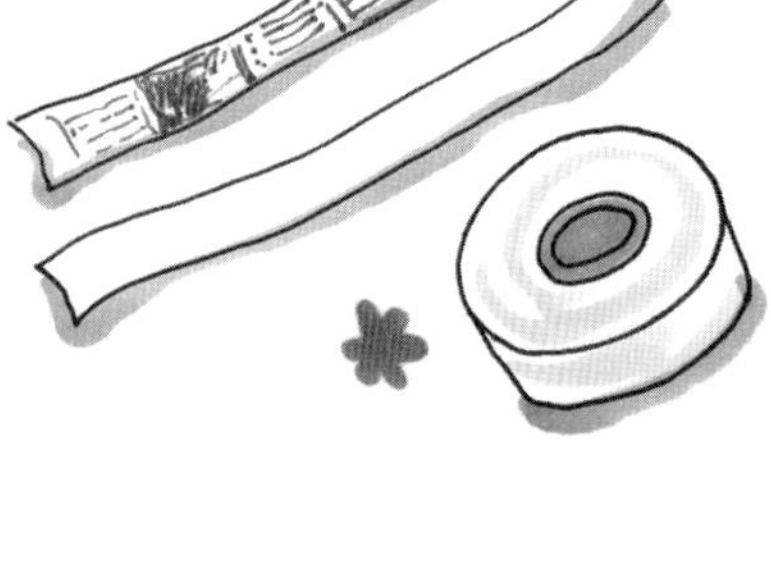

しっぽは
細く切った新聞紙やすずらんテープを
おなかや背中、おしりなどにセロハンテープで
くっつけます

保育者が全身にしっぽをつけると「ヒラヒラマン」に変身。

　たくさんのしっぽをつけることで、一人最低一本はとれるようにしています。「自分でとれた」という達成感を感じられることで「楽しい！」「もっととりたい！」という気持ちにつながるようにくふうしました。

　「またやりたい！」という声があると、もう一度しっぽをつけてヒラヒラマンになり、再スタートします。

なかなか取れない子の
近くを通ったり
「まだここにも
ついてるよ！」と
さりげなくアピール
全部とり終えたら
すっぺらぽー
と言ってもとの保育者に戻ります

香川
こぶし中央保育園

ししまいごっこ

① ティッシュの箱で土台を作る

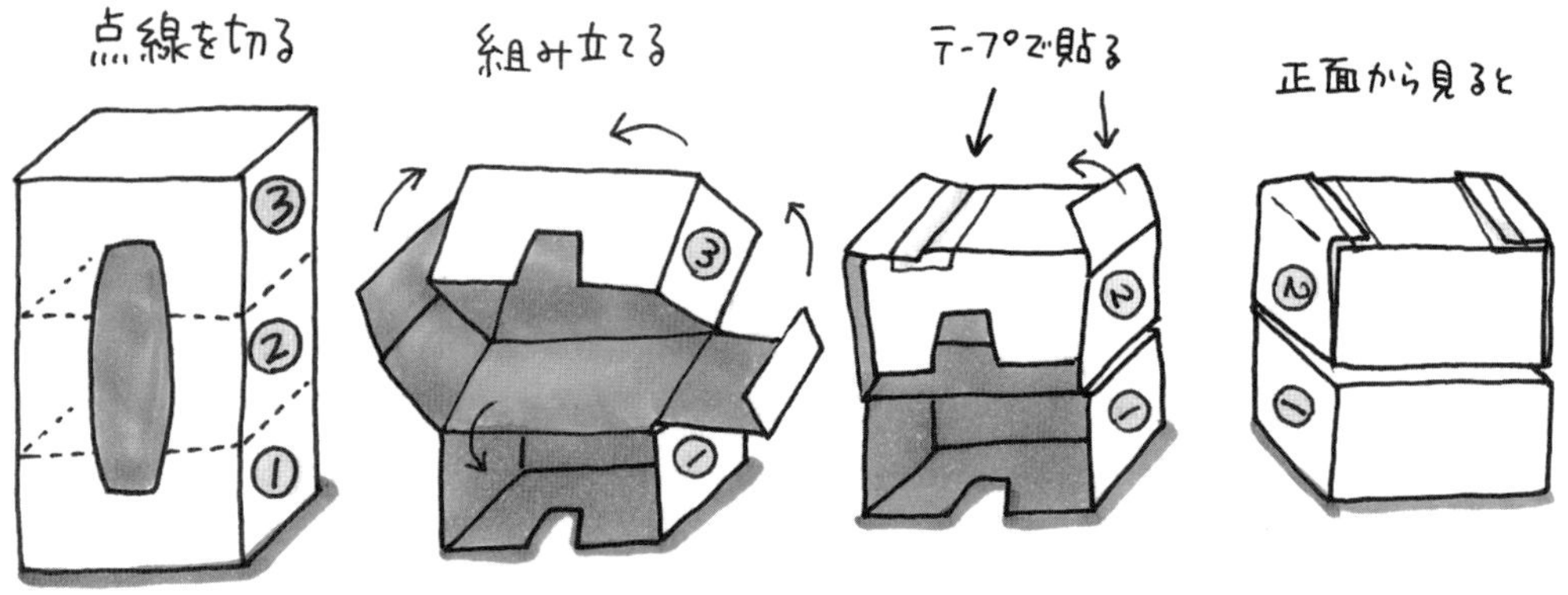

② かざりつけをする

すずらんテープを
手で裂く
目、まゆ毛、口は
色紙を切っておき
子どもが貼る

③ 黒のガムテープで布を貼る

地域の行事でもある獅子舞。布と棒、箱があると、すぐにししまいごっこが始まる三歳児です。

自分たちでししを作るとさらにあそびが広がり、「今日は○○ちゃんがうしろ」「こ～んこ～んのときはおれがしゃがむけん、△△は立っててな」と役割分担もしていました。まわりの子も、お客さんになったり、鐘や太鼓をしたり。

実際に見て印象に残ったことがすべてあそびにつながり、技をみがいて楽しみました。

消防士ごっこ

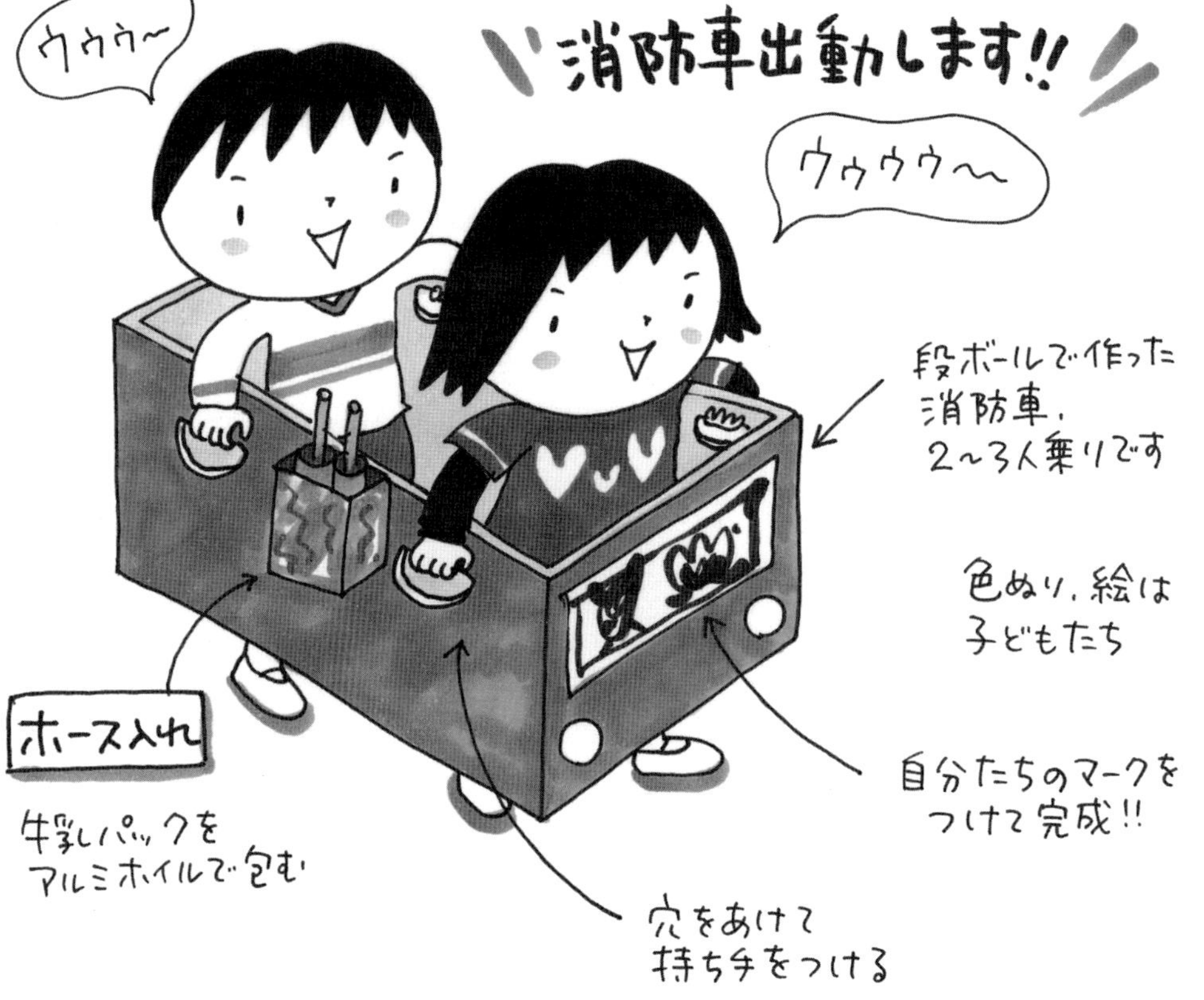
消防車出動します!!
ウウウ〜
ウウウウ〜〜
段ボールで作った
消防車,
2〜3人乗りです
色ぬり, 絵は
子どもたち
ホース入れ
牛乳パックを
アルミホイルで包む
自分たちのマークを
つけて完成!!
穴をあけて
持ち手をつける

ホース
チラシを2〜3つに折って
丸め, ガムテープでとめる
チラシを細く丸め
棒を作る
消火
します!!
押し出すと…
しっかりとめる
すずらんテープを裂く
水が出る
みたい!

消防士の仕事に興味をもっていた子どもたち。ある日、すずらんテープとチラシをつないでホースを作り始め、そのうちに、自分たちで出したり止めたりできるホースを作り出しました。

「こっちで火事や」といえば、水を出して消炎開始！ やっぱり消防車もいるだろうという話がふくらみ、二人組のペアさんで段ボールに赤い色を塗って消防車を作りました。中で待機して、いつでも出動できるようにしていました。

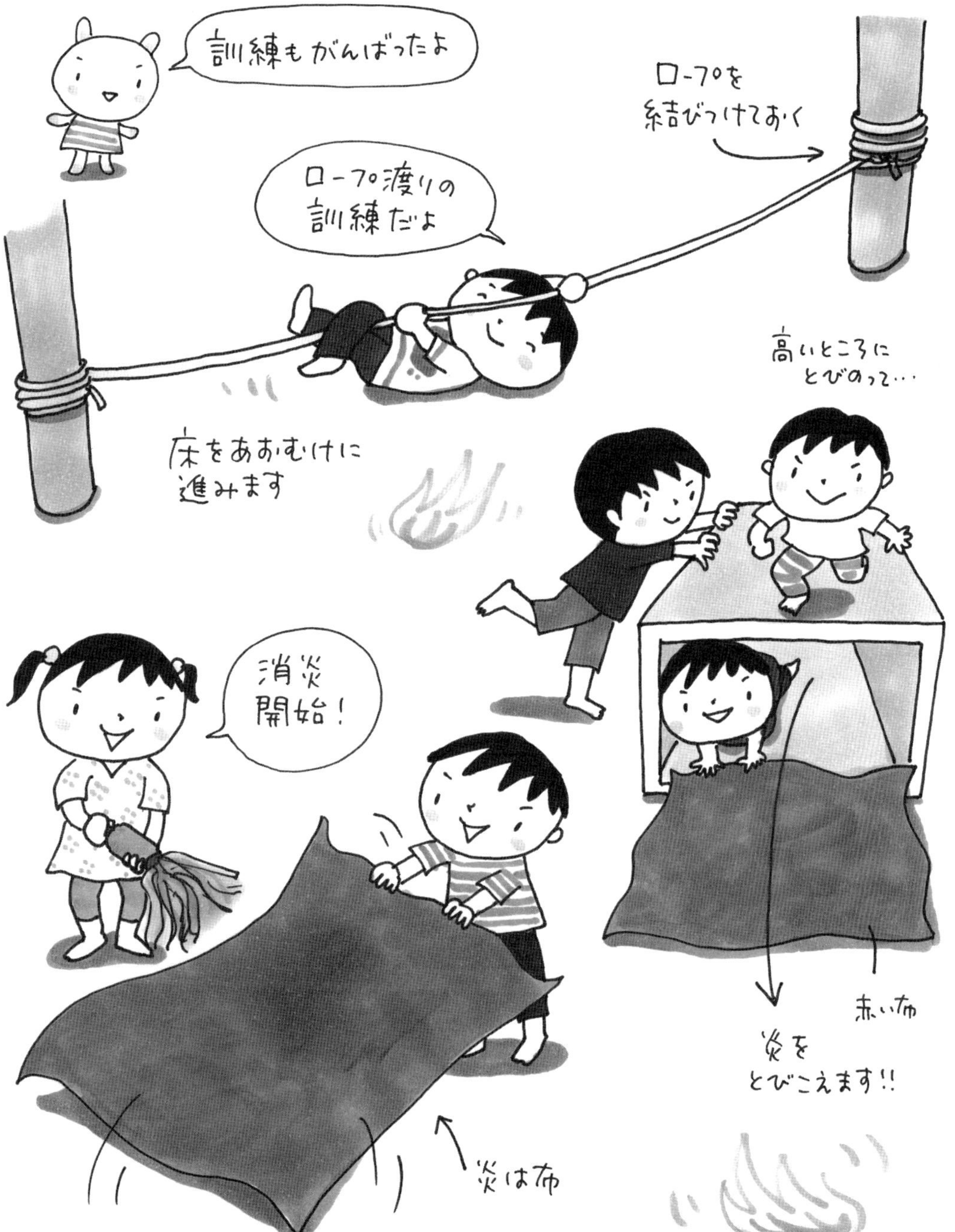

くもの巣につかまった!

バッタになって ジャンプしながら 森の中のような公園で おさんぽ

くもの巣発見!

保育者がくもの巣に 触れると……

春からだんごむしやセミをつかまえて、虫が大好きになった子どもたち。秋にはバッタを追いかけ、絵本『ばったのぴょんこちゃん』がお気に入りに。自分たちがバッタになって、捕まえにくる子ども（保育者）から逃げるのを楽しみながら、そこに出てくるくもの存在も気になっていました。
ある日、散歩の帰り道に保育者がくもの巣にひっかかってしまい…。保育者を助けるというドキドキする気持ちを共有してイメージをふくらませ、その後もごっこあそびが展開していきました。

みんなで助けよう！

全員が引っぱってくれてやっと取れた！

ねことねずみ

① 保育者がねこ役
子どもたちがねずみ役になる
子どもの数より1つ少なく円を描く

② ねこがねずみを追いかける
ねずみの家にいる子はつかまらない

園庭で楽しみました。ねずみの家がわかりやすいように、円をかいたり印をつけたりします。逃げているねずみが家に逃げ込んできたときは、「次は自分が逃げるんだ」と気づけるように、タッチをするか声をかけて、わかりやすくしました。

　子どもたちは逃げることが楽しいようす。ねずみの家にいる子も、逃げているねずみを応援していました。

　保育者が逃げるねずみになったときは、ずっと同じ家にいて逃げていない子のところに逃げ込むようにしました。

③ 逃げているねずみは
ねずみの家にいるねずみに
「か〜わって！」と言うか
タッチして、かわってもらう

あみほっぽった

① 漁師役（おに）を決める

魚（漁師役以外全員）は Ⓐ に1列にならぶ

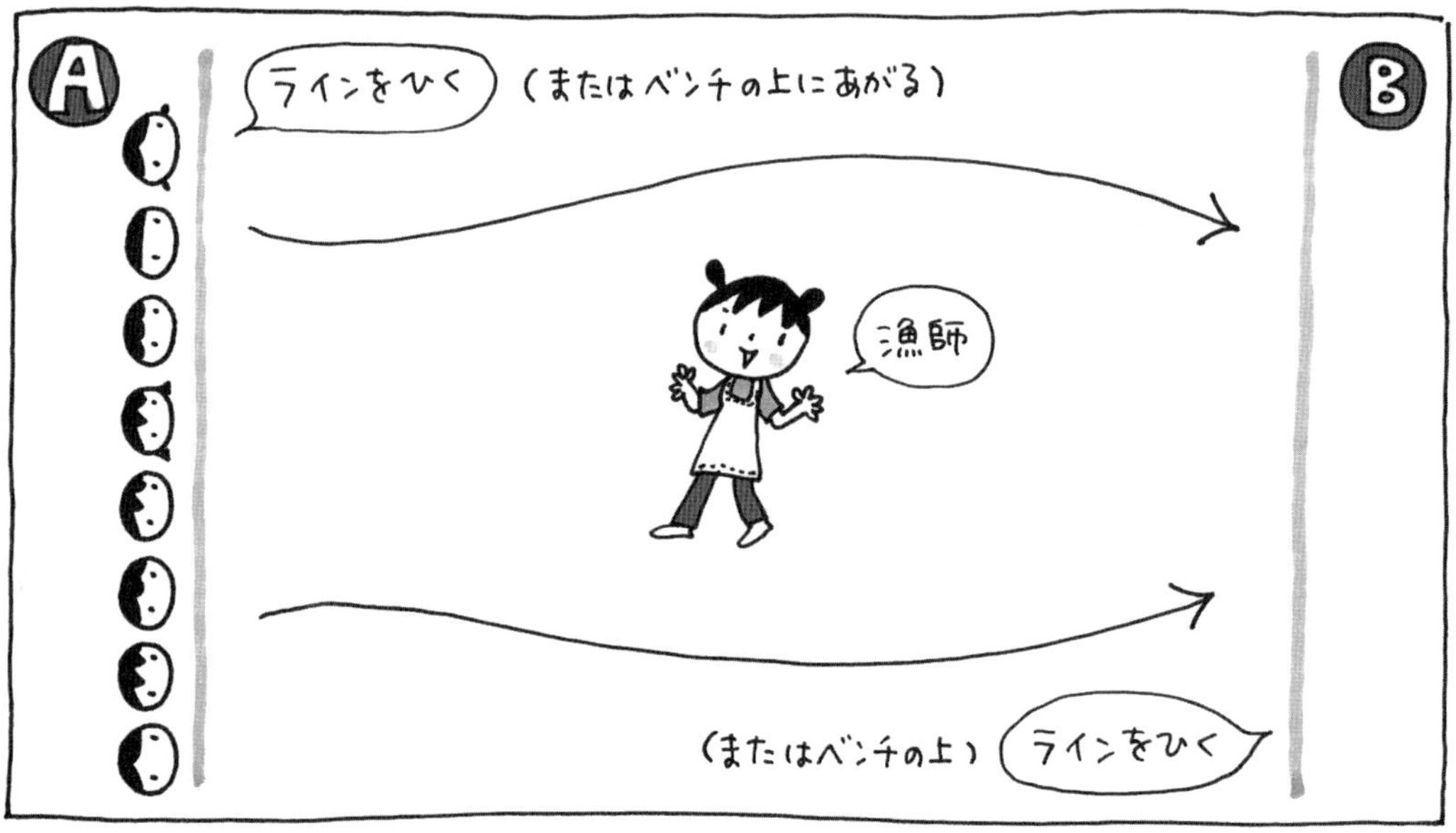
A
B
ラインをひく
（またはベンチの上にあがる）
漁師
（またはベンチの上）
ラインをひく

② 漁師の「あみほっぽった」の声を合図に

魚は漁師にタッチされないように

Ⓐ から Ⓑ へ走って逃げる

次のページに
バージョンUP版
もあるよ！

三歳児で①〜②を楽しみました。保育者が漁師になり、つかまえた子は逃がしました。「必死なのにつかまえられない」演出をすると、子どもたちは逃げ切って鼻高々。

四歳児の中ごろになると、つかまって泣く子もほとんどいなくなり、つかまったら手をつないで漁師が増える「バージョンアップ」（①〜④）をしました。漁師になってもすぐ気持ちを切りかえられたり、手をつないだ友だちとスピードを合わせながら残りの魚をつかまえられるまでになり、成長を感じました。

③ タッチされた魚は漁師になり
手をつないで魚をつかまえる

漁師が4人になったら
2人+2人にわかれます

④ 向きを変えてもう1回
（B→Aへ）
全員がつかまるまで繰り返す

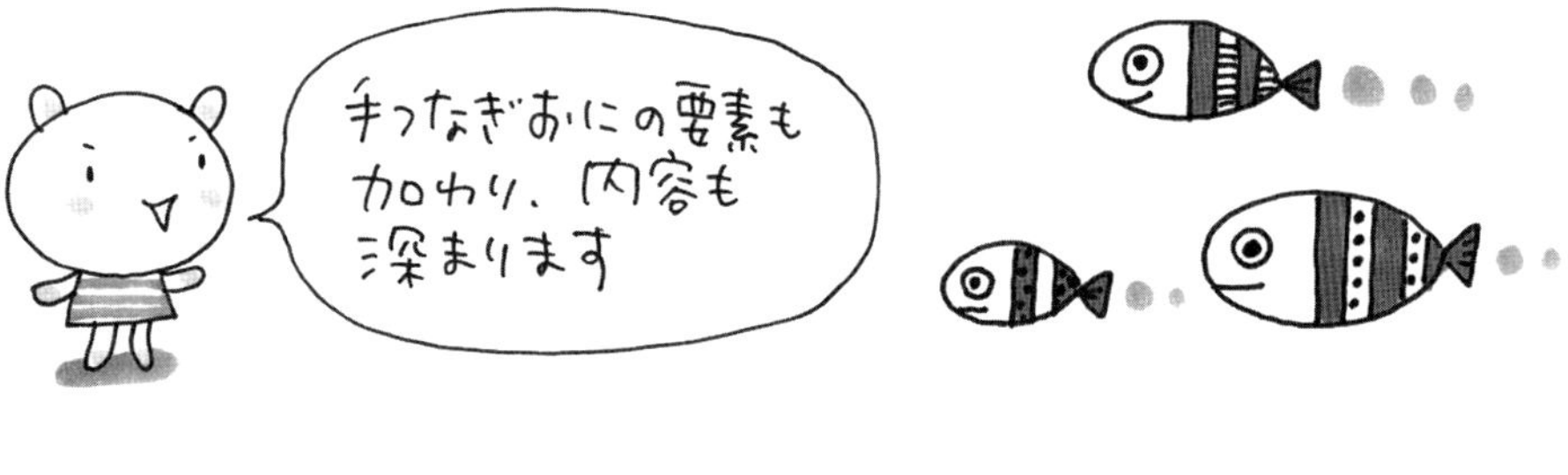
手つなぎおにの要素も
加わり、内容も
深まります

おかわりしっぽとり

準備

① しっぽとり用のしっぽをたくさん用意しておく

太めのPPロープを適度な
長さに3つ編みして、
先端にせんたくばさみをつける

自分で
ズボンに
つけられます!

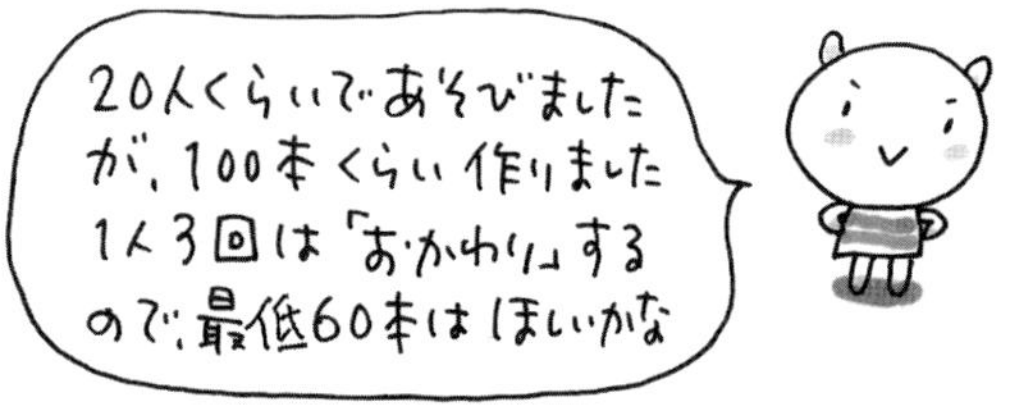
20人くらいであそびました
が、100本くらい作りました
1人3回は「おかわり」する
ので、最低60本はほしいかな

② 逃げていい範囲を決め「おかわりコーナー」を作る

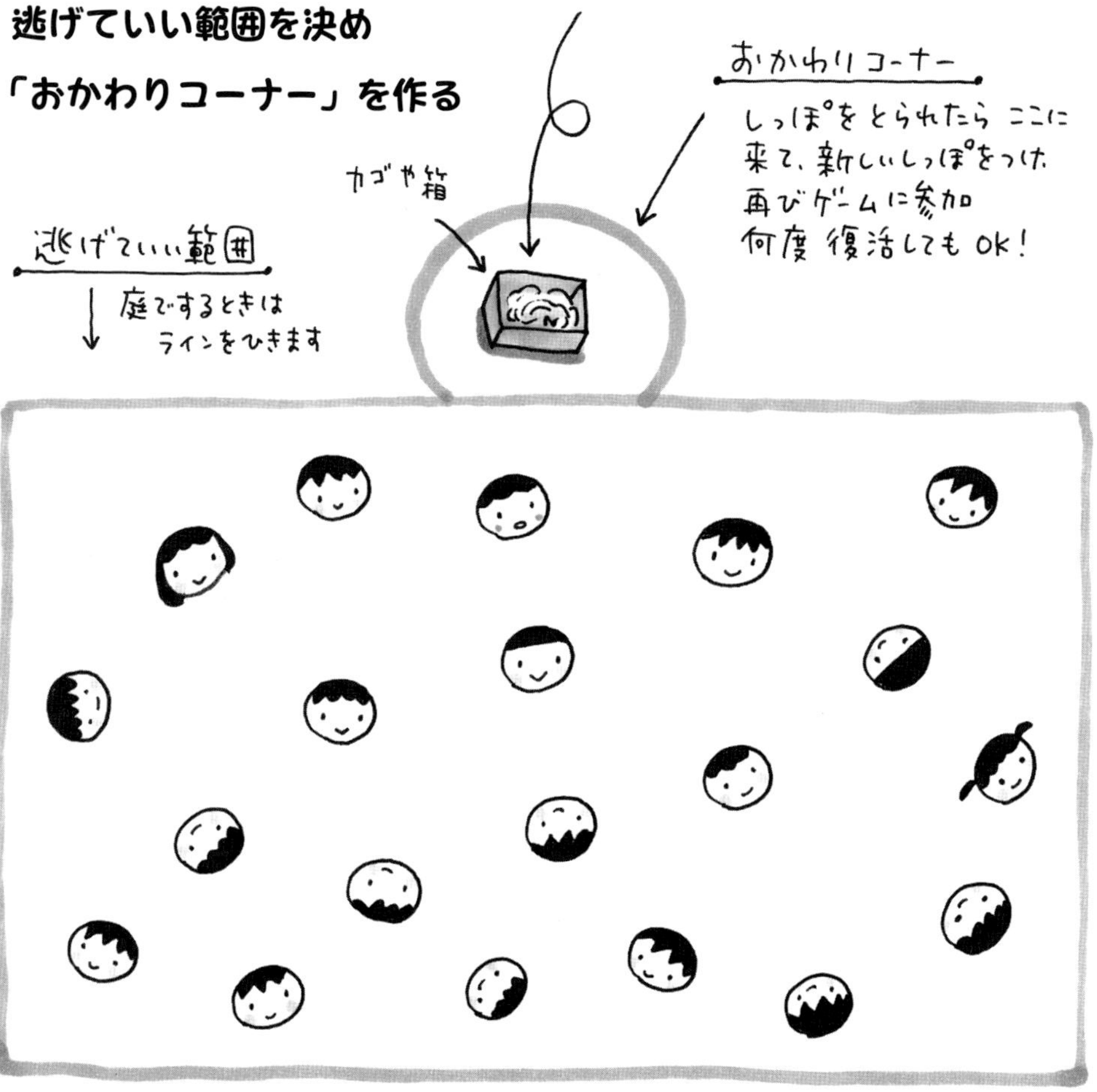
おかわりコーナー
しっぽをとられたら ここに
来て、新しいしっぽをつけ
再びゲームに参加
何度 復活しても OK!
カゴや箱
逃げていい範囲
庭でするときは
ラインをひきます

「しっぽをとられても楽しい」ことを大切にしたしっぽとりです。しっぽの「おかわり」をたくさん用意し、とられてしまっても何度でも復活できるようにしました。

運動が苦手な子や「おにになりたくない」「しっぽをとられるのはイヤ」という子でも楽しむことができます。

逃げられる範囲をだんだんせまくして、友だちにぶつからないように逃げるようにすると、敏捷性もはぐくまれます。

ゲーム開始!

基本は

おになしでみんなでとりあう

おとなや当番の子が
おにになるときもあります

おかわりコーナーにいる人のしっぽはとれません

こんなにとったよ〜

一定時間（5分くらい）でゲーム終了

しっぽのある人が1人も
いなくなるまで続けるときもあります

どのくらいとれたか
どのくらいとられないで逃げきれたか…
などを聞きます

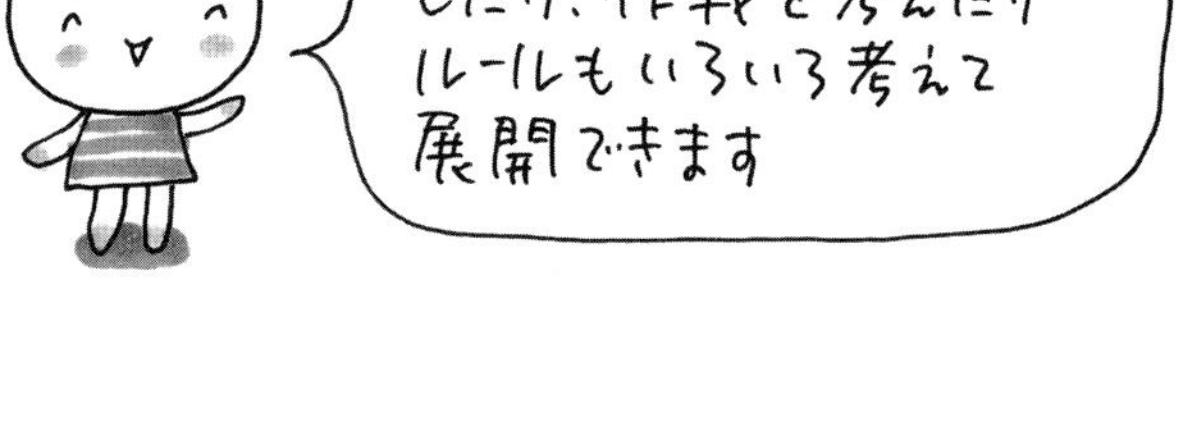
チーム戦、トーナメント戦などもしたり、作戦を考えたりルールもいろいろ考えて展開できます

第二そだち保育園

4~5 歳児

くっつきおに

① 2人ペアでくっついて座る

追う人（おに）、逃げる人を決めて

スタート！

まてー

ドキドキ
逃げる人
追う人
（おに）
ここにすわって～
はじめに ペアごとの
間隔をあけて座ると
わかりやすいです

② 逃げる人は

おににタッチされる前に、どこかのペアの

片端にくっつく

まてまてー

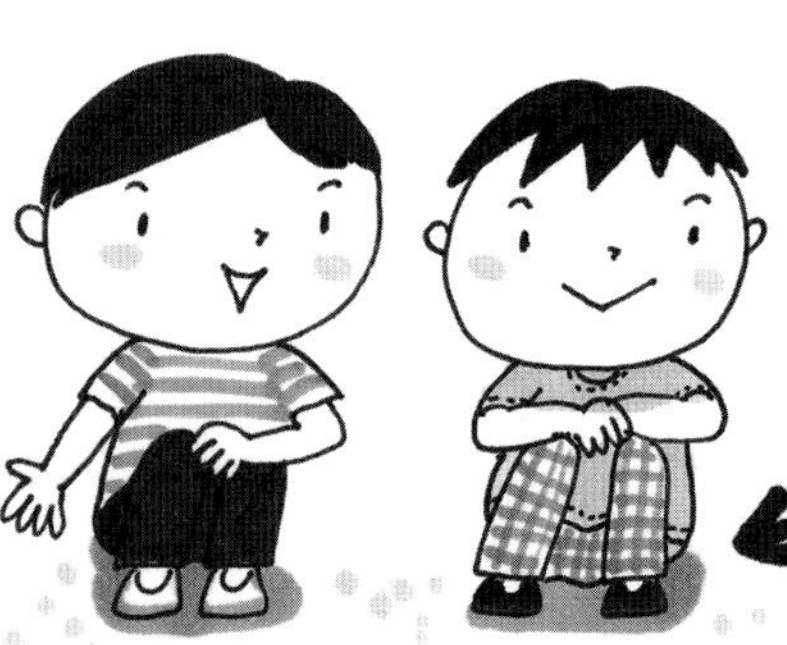

一番の魅力は、参加している子どもたちの目線が、追う子、逃げる子のたたかいに集中すること。「がんばれ～」と応援したり、「こっち座ってー」とアピールしています。

「次はぼくのところに座ってくれるかな？」とドキドキワクワクしながら、みんなが一体となってあそべます。

③ くっつかれたペアの反対側の子が逃げる

助かった！
まて～～
にげろー

くっついて座る前にタッチされたら、追う人（おに）と逃げる人が交代します

おにごっこをするには
少し狭いかな？
という空間でも
楽しめます

5歳児 ハラハラドキドキ追い出しゲーム

神奈川

矢向保育園

① 逃げていい範囲を決める

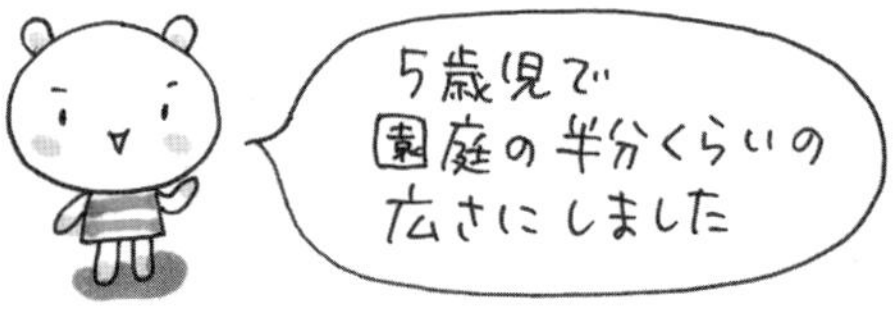
5歳児で
園庭の半分くらいの
広さにしました

② おにと、最初に逃げる人を
１人ずつ決める

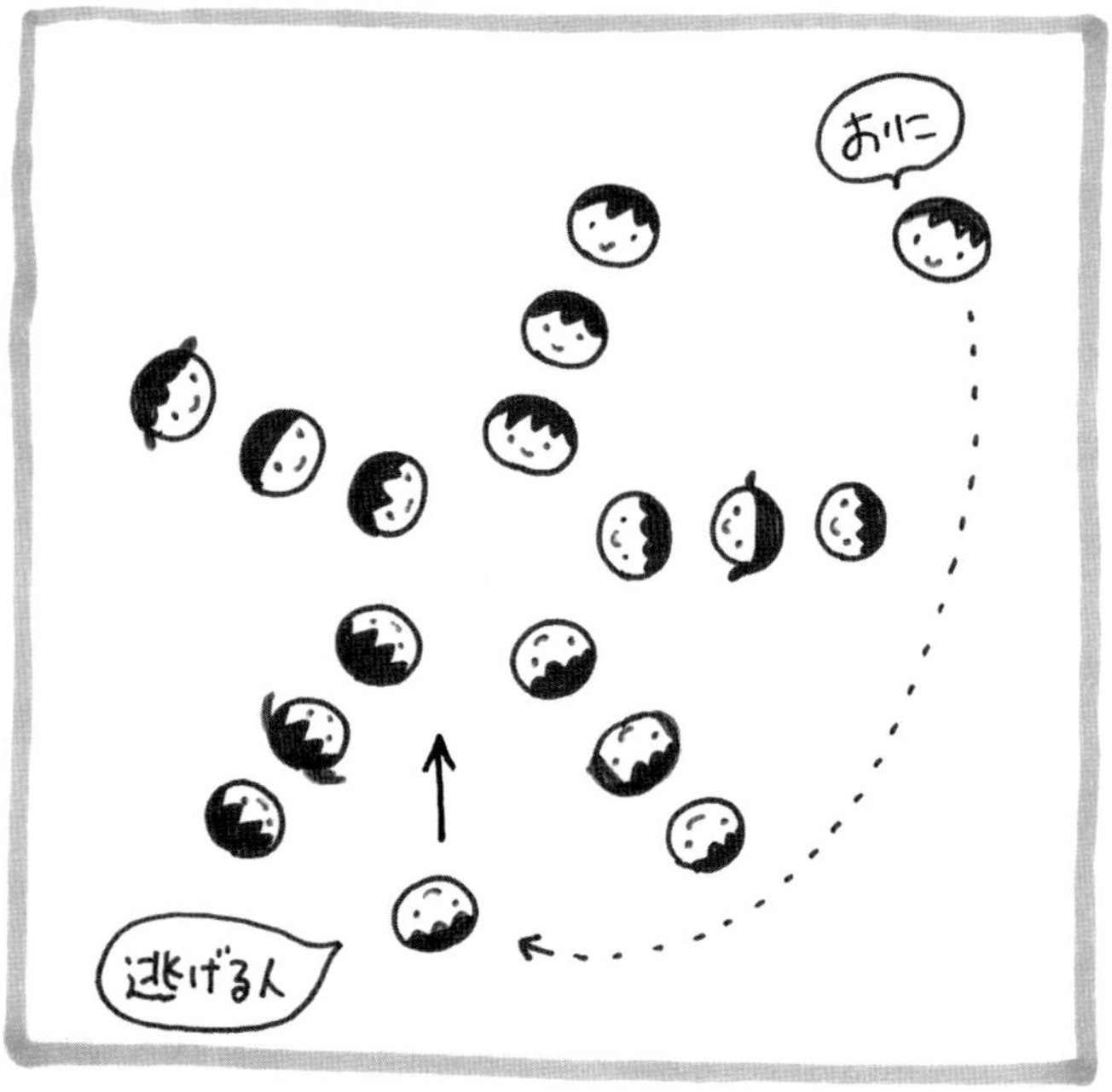
おに
逃げる人

③ 残りは３人組の
列を作り
放射状に並ぶ

④ おには逃げる人を
追う

⑤ 逃げる人は、おにに
つかまらないように
どこかの列の先頭に
つく

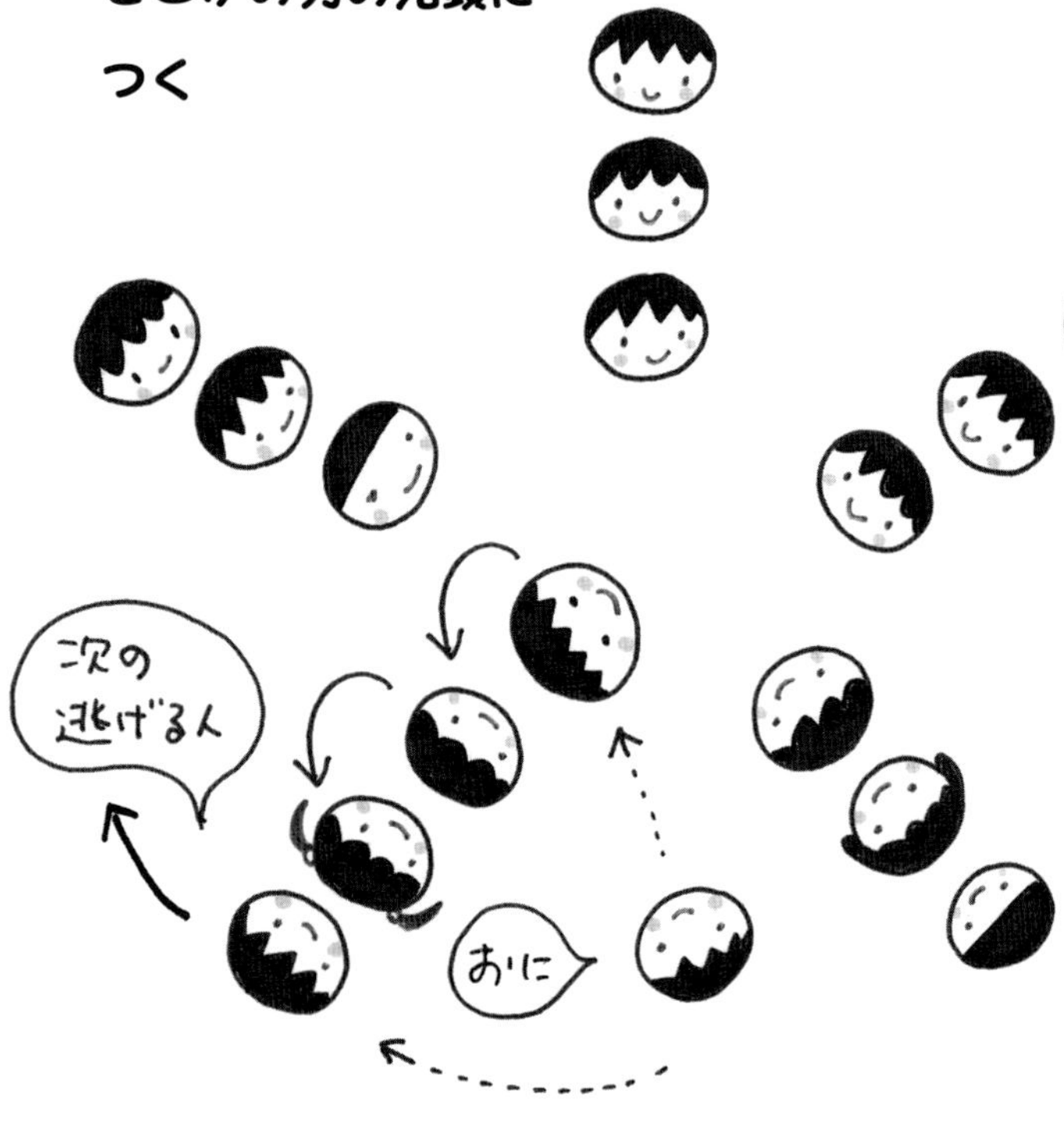
次の
逃げる人
おに

⑥ ４人になった列の
一番うしろの子が
次に逃げる人になる

三人組の列になり、列自体は動きません。

逃げる人はどの列につくかわからないので、集中力も高まります。次に逃げなくてはならない、列の一番うしろの子は、前に逃げる人がついたことに気づかないこともあるので、列のなかまが伝えてあげるなどの協調性も必要です。

逃げられる範囲を決めておくと、よりいっそうスピード感もあって、ハラハラドキドキです。

⑦ タッチされたら おにが交代する

がんばれー
おに →

すごーい スピードで ハラハラ ドキドキだよ!
1列がなるべく 3人組になるように 人数調整しました

ごっこあそび・ゼロ歳児のあそびQ&A

あそびの悩みQ&A

愛知・社会福祉法人新瑞福祉会職員・
元こすもす保育園保育士
青山均

大阪・社会福祉法人あおば福祉会
みつばち保育園園長
吉住とし子

2018年1月10日
初版第1刷発行

編集●『ちいさいなかま』編集部

発行●ちいさいなかま社

〒162-0837 東京都新宿区納戸町26-3
TEL 03-6265-3172　FAX 03-6265-3230
URL http://www.hoiku-zenhoren.org/

発売●ひとなる書房

〒113-0033 東京都文京区本郷2-17-13-101
TEL 03-3811-1372　FAX 03-3811-1383
E-mail hitonaru@alles.or.jp

印刷●東銀座印刷出版株式会社

ISBN978-4-89464-252-2　C3037

絵
●
近藤理恵

ブックデザイン
●
阿部美智
(オフィスあみ)